一《ひ》二《ふ》三《み》
(一)

岡本天明《てんめい》・著
奥山一四《ひとし》・補訂

幻冬舎MC

目次

※文中に差別的意味合いのある言葉を掲載していますが、岡本天明《てんめい》が書かれたものを、なるべく忠実に再現するために必要であると判断し、掲載いたしました。御了承ください。

第一巻　上《うえ》つ巻《まき》　全四十二帖《ちょう》

自　昭和十九年六月十日
至　昭和十九年七月九日

第一帖　（一）

富士は晴れたり、日本《にほん》晴れ。

神の国の、まことの神の力を現《あらわ》す世《よ》となれる。

仏《ほとけ》もキリストも何もかも、はっきり助けて七難《しちむずか》しい御《ご》苦労のない世が来るから、身魂《みたま》を不断に磨いて、一筋《ひとすじ》のまことを通してくれよ。今、一《ひと》苦労あるが、この苦労は身魂を磨いておらぬと越せぬ、この世始まって二度とない苦労である。

この結びは、神の力でないと何もできん。人間の算盤《そろばん》では弾けんことぞ。

日本はお土が上がる。外国はお土が下がる。

都《みやこ》の大洗濯《おおせんたく》、鄙《ひな》の大洗濯、人のお洗濯。

今度は、どうも堪《こら》えてくれというところまであとへ引かぬから、そのつもりで掛かってこい。神の国の、神の力をはっきりと見せてやる時が来た。

嬉しくて苦しむ者と、苦しくて喜ぶ者と出てくる。

⦿《まるてん》は神の国。神の力でないと何にも成就せん。人の力で何ができたか。皆、神がさしているのざ。いつでも神懸《かみかか》れるように、綺麗《きれい》に洗濯しておいてくれよ。戦《いくさ》は今年中と言っているが、そんなちょこい戦ではない。世界中の洗濯ざから、要《い》らぬものがなくなるまでは、終わらぬ道理が分からぬか。臣民《しんみん》同士の戦でない。神《カミ》と神《かみ》、赤《アカ》と赤《あか》、人《ヒト》と人《ひと》、肉《ニク》と肉《にく》、魂《タマ》と魂《たま》の戦ぞ。己《おのれ》の心を見よ。戦が済んでいないであろ。それで戦が済むと思うているとは、あきれたものぞ。

早く掃除せぬと間に合わん。何より掃除が第一。

寂《さび》しさは人のみかは、神は幾万倍《いくまんばい》ぞ。寂しさ越えて時を待つ。神が世界の王になる。天子様が神と分からん臣民ばかり。

口と心と行《おこな》いと、三つ揃《そろ》うたまことを、みこと（三《み》こと）というぞ。神の臣民、皆みことになる身魂。掃除身魂、結構。

六月の十日《か》

日津久神《ひつくのかみ》

第二帖　（二）

親と子であるから、臣民はかわいいから、旅の苦をさしてあるのに、苦に負けてよくもここまで落ちぶれてしもうたな。鼠《ねずみ》でも三日先のことを知るのに、臣民は一寸先さえ分からぬほどに、よくも曇りなされたな。それでも、神の国の臣民。天道《てんどう》、人を殺さず。食べ物がなくなっても死にはせぬ。ほんのしばらくぞ。木の根でも食うておれ。闇《やみ》のあとには夜明け来る。神は見通しざから、心配するな。手柄《てがら》は千倍万倍にして返すから、人に知れたら帳引《ちょうび》きとなるから、人に知れんように人のため国のため働けよ。それがまことの神の臣民ぞ。

酒と煙草《たばこ》も勝手につくって暮らせる良き世になる。それまで我慢《がまん》できない臣民、たくさんある。早く元の神の申すとおりにせねば、世界を泥の海にせねばならぬから、早う元神心《もとかみごころ》になりてくれよ。神頼むぞよ。

盲《めくら》が盲を手を引いて、どこへゆくつもりやら。気のついた人から、まことの神の入れものになりてくれよ。

悪の楽しみは、先にゆくほど苦しくなる。神のやり方は、先にゆくほどだんだん良くなるから、初めは辛《つら》いなれど先を楽しみに辛抱してくれよ。配給は配給、統制は統制のやり方。神のやり方は日の光。臣民ばかりでなく、草木も喜ぶやり方ぞ。日の光は神の心、御稜威《みいづ》ぞ。

人の知恵で一つでも良きことしたか。何もかもでき損《そこ》ないばかり。にっちもさっちもならんことにしていても、まだ気がつかん。盲には困る、困る。救わねばならず、助かる臣民はなく、泥の海にするは易《やす》いなれど、それでは元の神様に済まず、これだけにこと分けて知らしてあるに、聞かねばまだまだ痛い目をみせねばならん。冬の先が春とは限らんぞ。

⊙の国を八つに切って殺す悪の計画。⊙の国にも外国の臣《しん》がおり、外国にも神の子がいる。岩戸《いわと》が開《ひら》けたら一度に分かる。

六月の十日《か》

書は日津久神《ひつくのかみ》

天明《てんめい》、御《ご》苦労ぞ。

第三帖　（三）

善事《よごと》は神。

何も上下《うえした》、下《した》、引っ繰り返っているから、分からんから、神の心になれば何事も分かるから、鏡を掃除してくれよ。今にこのお告げが一二三《ひふみ》ばかりになるから、それまでに身魂を磨いておかんと、身魂の曇った人には何とも読めんから、早く神心《かみごころ》に返りておりてくれ。

何も一度に出てくる。海が陸《おか》になり陸《おか》が海になる。

六月の十一日の朝のお告げ　見よ、見よ、見よ

日津久神《ひつくのかみ》

第四帖　（四）

急ぐなれど、臣民なかなかに言うこと聞かぬから、言うこと聞かねば聞くよ

うにして聞かす。神には何もかもできているが、臣民まだ目覚めぬか。金《かね》の要らぬ楽《らく》の世になるのぞ。早く神祭りてくれよ。神祭らねば何もできぬぞ。

表の裏は裏、裏の裏がある世ぞ。

神を出汁《だし》にして今の上《うえ》の人がいるから、神の力が出ないのぞ。お上《かみ》に大神を祭りてまつりごとをせねば治まらん。この神を祭るのは、見晴らし台ぞ。富士、見晴らし台ぞ。早く祭りて御告《みつ》げを世に広めてくれよ。早く知らさねば、日本が潰《つぶ》れるようなことになるから、早う祭りて神の申すようにしてくれ。神急《せ》けるよ。

上《うえ》ばかり良くてもならぬ。下《しも》ばかり良くてもならぬ。上下揃《うえしたそろ》うた良き世が、神の世ぞ。

ドイツもイタリもあてにならぬ。世界中、一つになりて神の国に寄せてくるぞ。それなのに今のやり方でよいと思うているのか。分からねば神に尋《たず》ねてまつりごとせねばならぬということ、まだ分からぬか。神と人とがまつり合わして、この世のことがさしてあるのぞ。人が聞かねば、神ばかりで始めるぞ。神ばかりで洗濯するのは早いなれど、それでは臣民がかわいそうなから、臣民皆やり直さねばならぬから、気をつけているのに何しているのざ。いつどんなことあっても知らんぞ。神祭り第一。神祭り結構。

扶桑《ふそう》の木花開耶姫《このはなさくやひめ》の神様を祭りてくれよ。木花開耶姫《コハナサクヤヒメ》様も祭りてくれよ。

六月十三の日《ひ》　記《しる》す　　　日津久神《ひつきのかみ》

第五帖（五）

富士とは神の山のことぞ。神の山は皆、富士というのぞ。見晴らし台とは、身を張らすとこぞ。身を張らすとは、身の中を神にて張ることぞ。臣民の身の中に、一杯に神の力を張らすことぞ。お庭の富士を探してみよ。神の米《こめ》が出てくるから、それを大切にせよ。富士を開《ひら》くとは、心に神を満たすことぞ。

日向《ひむか》とは、神を迎えることぞ。日向《ひむか》はその使いぞ。日向《ひむか》は神の使いざから、この道を早う開《ひら》いてくれよ。早う伝えてくれよ。日向《ひむか》のお役は、人の病を治して、神の方《ほう》へ向けさすお役ぞ。この道をよく心得て、間違いないように伝えてくれよ。

六月の十四日《か》

日《ひ》津《つ》久《くのかみ》神

第六帖（六）

外国の飛行機が来ると騒いでいるが、まだまだ花道ぞ。九、十となったらボツボツはっきりするぞ。

臣民は目の先ばかりより見えんから、かあいそうなから気をつけているのに、何しているのか。大切なこと忘れているのに気がつかんか。この知らせをよく読みてくれよ。

十月まで待て。それまでは、このままでおれよ。

六月の十七日《にち》

日津《ひつ》久神《くのかみ》

第七帖　（七）

いくら金《かね》積んで神の御用《ごよう》さしてくれいと申しても、因縁《いんねん》のある臣民でないと御用できんぞ。御用する人は、どんなに苦しくても心は勇むぞ。この神は、小さい病治しや按摩《あんま》の真似させんぞ。大き病を治すのぞ。神が開《ひら》くから、人の考えで人を引っ張ってくれるなよ。

六月の十七日《にち》

日津《ひつ》久神《くのかみ》

第八帖　（八）

秋《あき》が立ちたらこの道開《ひら》く方《かた》出てくるから、それまでは神の仕組《しくみ》を書かしておくから、よく読んで、腹の中によく入れておいてくれよ。その時になりて慌《あわ》てて何も知らんというようではならんぞ。それまでに何もかにも知らしておくから、縁《えん》ある方《かた》からこの知らせをよく読んで、腹の中に入れておいてくれよ。

六月の十七日《にち》　　日津久神《ひつくのかみ》

第九帖　（九）

この世のやり方分からなくなったら、この記しを読ましてくれと言うてこの知らせを取り合うから、その時になりて慌てんようにしてくれよ。

日本の国は、一度は潰《つぶ》れたようになるのぞ。一度は、神も仏《ほとけ》もないものと皆が思う世が来るのぞ。その時にお蔭《かげ》を落とさぬよう、しっかりと神の申すこと腹に入れておいてくれよ。
六月の十七日《にち》
日《ひ》津《つ》久神《くのかみ》

第十帖（一〇）

神に目を向ければ神が映り、神に耳向ければ神が聞こえ、神に心向ければ心に映る。
掃除の程度によりて神の映り方が違うぞ。掃除できた方《かた》から神の姿映るぞ。それだけに映るぞ。
六月十九日
日《ひ》津《つ》久神《くのかみ》

第十一帖　（一一）

いずこも土に返ると申してあろが。東京も元の土に一時《ひととき》は返るから、そのつもりでいてくれよ。神の申したこと違わんぞ。東京は元の土に一時《いちじ》は返るぞ。そのつもりで用意してくれよ。

六月の十九日《にち》

日津久神《ひつくのかみ》

第十二帖　（一二）

大将を、誰もゆかれん所へ連れてゆかれんように、上《うえ》の人、気をつけてくれよ。

この道は、ちっとも心許せん、まことの神の道ぞ。油断すると神は替わりの身魂使うぞ。

六月の二十一日《にち》の朝

日津久神《ひつくのかみ》

第十三帖（一三）

元の人三人、その下《した》に七人《しち》、その下《した》に七七《しちしち》、四十九人《しじゅうく》、合わして五十九の身魂あれば、この仕組は成就するのざ。この五十九の身魂は神が守っているから、世の元の神が懸《かか》りて大手柄をさすから、神の申すよう何事も身魂磨いてくれよ。これが世の元の神の数ぞ。これだけの身魂が力合わして良き世の礎《いしずえ》となるのざ。

この身魂はいずれも落ちぶれているから、訪ねてきても分からんから、よく気をつけて、どんなに落ちぶれている臣民でも、訪ねてきた人は親切にして帰せよ。何事も時節が来たぞ。

六月の二十一日《にち》

日津久神《ひつくのかみ》

第十四帖　（一四）

この筆《ふで》よく読みてくれよ。読めば読むほど何もかも分かりてくるぞ。心とは、臣民の申す心でないぞ。身魂とは、臣民の申す身魂でないぞ。身魂とは身と魂《たま》と一つになっているものいうぞ。神の臣民、身と魂《たま》の分け隔てないぞ。身は魂《たま》、魂《たま》は身ぞ。外国は身ばかりの所あり、魂《たま》ばかりの所あり。神は身魂の別ないぞ。このこと分かりたら、神の仕組がボツボツ分かるぞ。身魂の洗濯と御心《み》の洗濯とは、魂《たま》ばかりの洗濯でないぞ。よく気をつけてくれよ。神の申すこと、違わんぞよ。

六月の二十二日《にち》

日《ひ》津《つ》久神《くのかみ》

第十五帖　（一五）

今度は末代動かぬ世にするのざから、今までのような宗教や教えの集いにしてはならんぞ。

人を集めるばかりが能ではないぞ。人も集めねばならず、難しい教えぞ。縁《えん》ある人は早く集めてくれよ。縁《えん》なき人、いくら集めても何もならんぞ。縁《えん》ある人を見分けてくれよ。顔は神の臣民でも、心は外国身魂ぞ。顔は外国人でも、身魂は神の臣民あるぞ。

やりかけた戦ぞ。とことんまでゆかねば収まらん。臣民一度は、なくなるところまでになるぞ。

今のうちに、この道よく読んでいてくれよ。九月になったら用意してくれよ。

六月の二十四日《にち》　　日津久神《ひつくのかみ》

第十六帖　（一六）

一二三《ひふみ》の火水とは結ぞ。中心の神、表面に世に満つことぞ。ひらき睦《むつ》び、中心に火集い、ひらく水。神の名二つ、神《カミ》と神《かみ》、世に出《い》づ。早く鳴り成り、世、新しき世と、国々の新しき世と栄え結び、成り展《ひら》く秋来る。弥栄に神、世にみちみち、中心にまつろい展《ひら》き結ぶぞ。月出《い》でて月なり、月ひらき弥栄え成り、神世ことごと栄ゆ。早く道ひらき、月と水のひらく大道。月の仕組、月神と日神、二つ展《ひら》き、地上弥栄みちみち、世の初めことごとくの神も世とともに勇みに勇むぞ。世はことごとに統一し、神世の礎、極まる時代来る。神世の秘密という。

六月二十四日

日津久神文《ひつくのかみふみ》

第十七帖（一七）

この世は皆、神のものざから、臣民のものというもの一つもないぞ。お土から採れた物、皆まず神に供えよ。それをいただいて身魂を養うようになっているのに、神には捧げずに臣民ばかり食べるから、いくら食べても身魂太らぬのぞ。何でも神に供えてから食べると身魂太るぞ。今の半分で足りるぞ。それが臣民のいただき方ぞ。

六月の二十五日《にち》

日津久神《ひつくのかみ》

第十八帖（一八）

岩戸開《ひら》く役と、岩戸閉める役とあるぞ。

一旦《いったん》、世界は言うに言われんことができるぞ。しっかり身魂磨いておいてくれよ。身魂磨き第一ぞ。

この道開《ひら》けてくると世の中の偉い人が出てくるから、どんな偉い人でも分からん神の道ざから、よくこの筆読んでおいて、どんなことでも教えてやれよ。何でも分からんことないようにこの筆で知らしておくから、この筆よく読めと申すのぞ。

この道は皇《すめら》が道ざ。皇御民《すめるみたみ》の道ぞ。禊《みそぎ》せよ、祓《はら》いせよ。臣民早くせねば間に合わんぞ。岩戸開《ひら》くまでにまだ一苦労《ひと》あるぞ。この世はまだまだ悪くなるから、神も仏《ほとけ》もこの世にはおらんのざというところまで、とことんまで落ちてゆくぞ。九月に気をつけよ。九月が大切の時ぞ。

臣民の心の鏡凹《くぼ》んでいるから、善《よ》きこと悪く映り、悪きこと善く映るぞ。今の上《うえ》に立つ人、一つもまことの善いことといたしてはおらん。これで世が治まると思うてか。あまりと申せばあまりぞ。神は今まで見て見ん振りしていたが、これからは厳しくドシドシと神の道に照らして、神の世にいたすぞ。そのつもりでいてくれよ。神の申すこと、ちっとも違わんぞ。今の世に落ちている臣民、高い所へ土持ちばかり。それで苦しんでいるのざ。早う身魂洗濯せよ。何事もはっきりと映るぞ。

六月二十六日《にち》

日津久神《ひつくのかみ》

第十九帖（一九）

神の国、神の山に神祭りてくれよ。祭るとは神にまつろうことぞ。土にまつろうことぞ。人にまつろうことぞ。祭り祭りて、嬉し嬉しの世となるのぞ。祭るには、まず掃除せねばならんぞ。掃除すれば、誰にでも神懸《かみかか》るように日本の臣民なりておるぞ。神州《しんしゅう》清潔の民《たみ》とは、掃除して綺麗になった臣民のことぞ。

六月二十七日

日津久神《ひつくのかみ》

第二十帖　（二〇）

神がこの世にあるならば、こんな乱れた世にはせぬはずぞと申す者たくさんあるが、神には人のいう善も悪もないものぞ。よく心に考えてみよ。何もかも分かりてくるぞ。

表の裏は裏、裏の表は表ぞと申してあろが。一枚の紙にも裏表。ちと誤れば分からんことになるぞ。

神心《かみごころ》になれば何もかもはっきり映りてくるのざ。そこの道理分からずに理屈ばかり申しているが、理屈のない世に、神の世にしてみせるぞ。言挙《ことあ》げせぬ国とはそのことぞ。理屈は外国のやり方。神の臣民、言挙げずに、理屈なくして何もかも分かるぞ。それが神のまことの民ぞ。

足下《あしもと》から鳥が立つぞ。鳥立ちて慌てても何もならんぞ。用意なされよ。上下《うえした》にグレンと引っ繰り返るぞ。上《うえ》の者、下《した》に、落ちぶれた民、上《うえ》になるぞ。岩戸開《ひら》けるぞ。夜明け近づいたから、早う身魂の洗濯してくれよ。神の申すこと、千に一つも違わんぞ。

六月二十七日《にち》　　　　　　　　　　日津久神《ひつくのかみ》

第二十一帖　（二一）

世の元の神の仕組というものは、神々にも分からん仕組であるぞ。この仕組、分かりてはならず、分からねばならず、なかなかに難しい仕組であるぞ。知らしてやりたいなれど、知らしてならん仕組ぞ。

外国がいくら攻めてくるとも、世界の神々がいくら寄せてくるとも、ギリギリになりたら神の元の神の神力《しんりき》出して岩戸開《ひら》いて、一つの王で治める神のまことの世にいたすのであるから、神は心配ないなれど、ついてこれる臣民少ないから、早う掃除してくれと申すのぞ。掃除すれば、何事もはっきりと映りて楽なことになるから、早う神の申すようしてくれよ。

今度は常《とことわ》に変わらぬ世にいたすのざから、世の元の大神でないと分からん仕組ざ。

洗濯できた臣民から手柄立てさして、嬉し嬉しの世にいたすから、神が臣民にお礼申すから、一切《いっさい》の芥《ごもく》捨てて早う神の申すこと聞いてくれよ。因縁の身魂は、どうしても改心せねばならんのざから、早う改心せよ。遅い改心、なかなか難しいぞ。

神は帳面につけるように何事も見通しざから、神の帳面間違いないから、神の申すとおりに、分からんことも神の申すとおりに従いてくれよ。初め辛《つら》いなれど、だんだん分かりてくるから、よく言うこと聞いてくれよ。

外国から攻めてきて、日本の国、丸潰《つぶ》れというところで、元の神の神力《しんりき》出して世を立てるから、臣民の心も同じぞ。

江戸も昔のようになるぞ。神の体から息できぬようにしているが、今に元のままにせなならんことになるぞ。

富士から三十里《り》より離れた所へ祭りてくれよ。富士にも祭りてくれよ。富士はいよいよ動くから、それが済むまでは、三十里《り》離れた所へ仮に祭りておいてくれよ。

富士は神の山ざ。いつ火《ひ》を噴《ふ》くか分からんぞ。神は噴かんつもりでも、いよいよとなれば噴かなならんことがあるから、それまでは離れた所へ祭りてくれよ。神は構わねど、臣民の肉体大切なから、肉体もなくてはならんから、そうして祭りてくれ。祭り祭り結構ぞ。

六月の二十八日《にち》

日津久神《ひつくのかみ》

第二十二帖　（二二）

いよいよとなれば、外国強いと見れば、外国へつく臣民たくさんできるぞ。そんな臣民、一人も要らぬぞ。早うまことの者ばかりで、神の国を固めてくれよ。

六月二十の八日《にち》

日津久神《ひつくのかみ》

第二十三帖　（二三）

神なぞどうでもよいから早く楽にしてくれと言う人たくさんあるが、こんな人は、今度は皆《みな》灰にしてなくしてしまうから、その覚悟しておれよ。

六月の二十八日《にち》

日津久神《ひつくのかみ》

第二十四帖　（二四）

七の日はものの成（七）《な》る日ぞ。アとヤとワは元の御用ぞ。イ、ウの身魂は介添《かいぞ》えの御用ぞ。あとはだんだん分かりてくるぞ。

六月の二十八日《にち》は因縁の日ざ

日津久神《ひつくのかみ》

第二十五帖　（二五）

一日に十万、人死に出したら神の世がいよいよ近づいたのざから、よく世界のことを見て皆に知らしてくれよ。

この神は世界中のみか、天地《てんち》のことを任されている神の一柱《ひとはしら》ざから、小さいこと言うのではないぞ。小さいことも何でもせなならんが、小さいことと臣民思うていると間違いが起こるから、臣民はそれぞれ小さいこともせなならんお役もあるが、よく気をつけてくれよ。

北から攻め寄せてきたら、いよいよのことぞ。南、東、西、皆大切なれど、北を守ってくれよ。北から来るぞ。神は気《け》もない時から知らしておくから、よくこの筆、心に締めておれよ。

一日一握《いちにちひとにぎ》りの米に泣く時あるぞ。着る物も泣くことあるぞ。いくら買い溜《だ》めしても、神の許さんもの一つも身にはつかんぞ。着ても着ても、食うても食うても何もならん餓鬼《がき》の世ざ。早う神心《かみごころ》に返りてくれよ。

この岩戸開《ひら》くのは難儀《なんぎ》の分からん人には越せんぞ。踏みつけられ踏みつけられている臣民の力はお手柄さして、常《とこと》わに名の残るようになるぞ。

元の世に一度戻さなならんから、何もかも元の世に一度は戻すのざから、そのつもりでおれよ。

欲張っていろいろ買い溜めしている人、気の毒ができるぞ。神、よく気をつけておくぞ。

この道に縁《えん》ある人には、神からそれぞれの神を守りにつけるから、天地《てんち》の元の天《てん》の大神、国（地《くに》）の大神と共によく祭りてくれよ。
六月の三十日《にち》
日津久神《ひつくのかみ》

第二十六帖　（二六）

アの身魂とは、天地《てんち》のまことの一つの掛け替えない身魂ぞ。ヤとはその左の身魂、ワとは右《みぎり》の身魂ぞ。ヤには替え身魂㋳あるぞ。ワには替え身魂㋻あるぞ。アもヤもワも㋳も㋻も、一つのものぞ。

身魂引いた神懸《かみかか》る臣民を集めるから、急《いそ》いでくれるなよ。今に分かるから、それまで見ていてくれよ。

イとウはその介添えの身魂。その魂《たま》と組みてエとヲ、ヱとオが生まれるぞ。

いずれは分かることざから、それまで待ちてくれよ。言ってやりたいなれど、今言っては仕組成就せんから、邪魔入るから、身魂掃除すれば分かるから、早う身魂洗濯してくれよ。

神祭るとはお祭りばかりでないぞ。神にまつろうことぞ。神にまつろうとは、神にまつわりつくことぞ。神にまつわりつくとは、子が親にまつわることぞ。神に従うことぞ。神にまつろうには洗濯せなならんぞ。洗濯すれば神懸《かみかか》るぞ。神懸《かみかか》れば何もかも見通しぞ。それで洗濯洗濯と、臣民耳にたこできるほど申しているのざ。

七月の一日《にち》

日津久神《ひつくのかみ》の道、開《ひら》けあるぞ

第二十七帖　（二七）

何もかも世の元から仕組みてあるから、神の申す所へゆけよ。

元の仕組は富士ぞ。次の仕組は丑寅《うしとら》三十里《り》より、次の仕組の山にゆきて開《ひら》いてくれよ。今は分かるまいが、やがて結構なことになるのざから、ゆきて神祭りて開《ひら》いてくれよ。細かく知らしてやりたいなれど、それでは臣民の手柄なくなるから、臣民は子ざから、子に手柄さして親から御礼《おん》申すぞ。ゆけば何もかも良くなるように昔からの仕組してあるから、何事も物差しで測ったようにゆくぞ。天地《てんち》が唸《うな》るぞ。上下《うえした》引っ繰り返るぞ。悪の仕組に皆の臣民騙《だま》されているが、もうすぐ目覚めるぞ。目覚めたら訪ねてござれ。この神の下《もと》へ来て聞けば、何でも分かるように筆で知らしておくぞ。秋立ちたら寂《さび》しくなるぞ。寂しくなりたら訪ねてござれ。我《が》を張っていると、いつまでも分からずに苦しむばかりぞ。この筆も、身魂によりどんなにでも取れるように書いておくから、取り違いせんようにしてくれ。三柱《み》と七柱《なな》揃《そろ》うたら山にゆけよ。

七月一日《にち》

日津久神《ひつくのかみ》

第二十八帖（二八）

世界中丸めて、神の一つの王で治めるのぞ。それが神の世のやり方ぞ。百姓は百姓、鍛冶《かじ》は鍛冶と、今度は常《とことわ》に定まるのぞ。身魂の因縁によりて、今度ははっきりと定まって動かん神の世とするのぞ。茄子《なす》の種には、瓜《うり》はならんぞ。茄子の蔓《つる》に瓜をならすのは、悪の仕組。今の世は皆それでないか。これで世が治まったら、神はこの世にないものぞ。

神と悪との力比べぞ。今度は、悪の王も神の力にはどうしても敵《かな》わんと心から申すところまで、とことんまでゆくのざから、悪も改心すれば助けて善き方《ほう》に回してやるぞ。

神の国を千切《せんぎ》りして膾《なます》にする悪の仕組は、分かりておる。悪の神も、元の神の仕組を九分九厘《くぶくりん》までは知っていて、天地《てんち》引っ繰り返る大戦《おおたたか》いとなるのぞ。残る一厘《いちりん》は誰も知らぬところに仕掛けてあるが、この仕組、心で取りてくれよ。神も大切ざが、この世では臣民も大切ぞ。臣民、この世の神ぞ。と言うて鼻高になると、ポキンと折れるぞ。
七月の一日《にち》
日津久神《ひつくのかみ》

第二十九帖　（二九）

この世が元の神の世になるということは、どんな神にも分かっておれど、どうしたら元の世になるかということ、分からんぞ。神にも分からんこと、人にはなお分からんのに、自分が何でもするように思うているが、さっぱり取り違いぞ。やってみよれ。あちへ外れ、こちへ外れ、いよいよどうもならんことになるぞ。最後のことは、この神でないと分からんぞ。いよいよとなりて教えてくれと申しても、間に合わんぞ。
七月一日《にち》
日津久神《ひつくのかみ》

第三十帖　（三〇）

富士を開《ひら》いたら、まだ開《ひら》くところあるのざ。鳴門《なると》へゆくことあるのざから、このこと、役員だけ心得ておいてくれよ。

七月の一の日《ひ》

日津久神《ひつくのかみ》

第三十一帖　（三一）

今度の御用は、結構な御用ぞ。いくら金《かね》積んでも、因縁ない臣民にはさせんぞ。今に御用さしてくれと金《かね》持ってくるが、いちいち神に聞いて始末せよ。穢《けが》れた金《かね》、御用にならんから、一厘も受け取ることならんぞ。穢《けが》れた金《かね》、邪魔になるから、まことのもの集めるから、何も心配するなよ。心配、気の毒ぞよ。何も神がするから欲出すなよ。あとしばらくぞよ。日々《にちにち》に分かてりくるから。

素直な臣民、嬉し嬉しで暮らさすから。

七月一日

第三十二帖　（三二）

世の元から、ヒツグとミツグとあるぞ。ヒツグは⊙の系統ぞ。ミツグは○《まる》の系統ぞ。ヒツグはまことの神の臣民ぞ。ミツグは外国の民ぞ。⊙と○と結びて一二三《ひふみ》となるのざから、外国人も神の子ざから、外国人も助けなならんと申してあろがな。一二三唱《とな》えて岩戸開《あ》くぞ。

神から見た世界の民と、人の見た世界の人とは、さっぱりあべこべであるから、間違わんようにしてくれよ。

秘密の仕組とは一二三の仕組ざ。早う一二三唱えてくれよ。一二三唱えると岩戸開《あ》くぞ。

七月の二の日《ひ》

第三十三帖　（三三）

神の用意は済んでいるのざから、民の用意早うしてくれよ。用意して早う祭りてくれよ。

富士は晴れたり日本晴れと申すこと、だんだん分かりてくるぞ。

神の名のついた石があるぞ。その石、役員に分けてそれぞれに守護の神つけるぞ。神の石はお山にあるから、お山開《ひら》いてくれよ。

ヒツグの民、ミツグの民、早う用意してくれよ。神急《せ》けるぞ。

七月二日《か》

日津久神《ひつくのかみ》

日津久神《ひつくのかみ》

第三十四帖　（三四）

何事も天地《てんち》に二度とないことで、やり損ないしてならん漂《ただよ》える国の固めの終わりの仕上げであるから、これが一番大切の役であるから、しくじられんから、神がくどう申しているのざ。神々様、臣民、皆聞いてくれよ。

一二三《ひふみ》の御用できたら三四五《みよいづ》の御用にかからならんから、早う一二三の御用してくれよ。

何も心配ないから、神の仕事をしてくれよ。神の仕事しておれば、どこにいてもいざという時には神が摘《つま》み上げて助けてやるから、御用第一ぞ。

一日《ひとひ》に十万の人、死ぬ時来たぞ。世界中のことざから、気を大きく持ちていてくれよ。

七月の三日《にち》

日津久神《ひつくのかみ》

第三十五帖　（三五）

死んで生きる人と、生きながら死んだ人とできるぞ。神の随《まにま》に神の御用してくれよ。殺さなならん臣民、どこまで逃げても殺さなならんし、生かす臣民、どこにいても生かさなならんぞ。

まだまだ悪魔はえらい仕組しているぞ。神の国千切《せんぎ》りと申してあるが、たとえではないぞ。

いよいよとなりたら、神が神力《しんりき》出して上下《うえした》引っ繰り返して、神の世にいたすぞ。永久《とわ》の神世《かみよ》にいたすぞ。

細かく説いてやりたいなれど、細かく説かねば分からんようでは神国《しんこく》の民とは言われんぞ。外国人には細かく説かねば分からんが、神の臣民には説かいでも分かる身魂授けてあるぞ。それで身魂磨いてくれと申してあるのぞ。それとも外国人並みにしてほしいのか。曇りたと申してもあまりぞ。

何も心配いらんから、お山開《ひら》いてくれよ。

江戸が火となるぞ。神急《せ》けるぞ。

七月の七日《か》

日津久神《ひつくのかみ》

第三十六帖　（三六）

元の神代《かみよ》に返すというのは、たとえでないぞ。穴の中に住まななならんことできるぞ。生《なま》の物食うて暮らさなならんし、臣民取り違いばかりしているぞ。何もかも一旦は天地《てんち》へお引き上げぞ。我《われ》の欲ばかり言っていると大変ができるぞ。

七月の九日

日津久神《ひつくのかみ》

第三十七帖（三七）

人の上《うえ》の人、皆臭い飯食うことできるから、今から知らしておくから気をつけてくれよ。

お宮も一時《いちじ》はなくなるようになるから、その時は磨けた人が神のお宮ぞ。早う身魂磨いておけよ。お宮まで外国の悪に潰《つぶ》されるようになるぞ。早くせねば間に合わんことぞ。

日津久神《ひつくのかみ》

第三十八帖（三八）

残る者の身も、一度は死ぬことあるぞ。死んでから、また生き返るぞ。三分の一の臣民になるぞ。これからがいよいよの時ざぞ。日本の臣民同士が食い合いするぞ。敵《かな》わんと言って外国へ逃げてゆく者もできるぞ。

神にしっかりと縋《すが》りておらんと何も分からんことになるから、早く神に縋りておれよ。神ほど結構なものはないぞ。

神にも善い神と悪い神とあるぞ。雨の日は雨、風の日は風ということ分からんか。それが天地《てんち》の心ぞ。天地《てんち》の心を早う悟りてくだされよ。

嫌なら嫌でほかに替わりの身魂があるから、神は頼まんぞ。嫌ならやめてくれよ。無理に頼まんぞ。神のすること、一つも間違いないのぞ。よく知らせを読んでくだされよ。

日津久神《ひつきのかみ》

第三十九帖（三九）

地震、雷、火の雨降《ふ》らして大洗濯《おおせんたく》するぞ。よほどしっかりせねば生きてゆけんぞ。

神懸《かみがか》りがたくさんできてきて、わけの分からんことになるから、早くこの道を開《ひら》いてくれよ。
神界では、もう戦の見通しついているなれど、今はまだ臣民には申されんのぞ。改心すれば分かりてくるぞ。改心第一ぞ。早く改心第一ざ。

日津久神《ひつくのかみ》

第四十帖　（四〇）

北も南も東も西も皆敵《てき》ぞ。敵《てき》の中にも味方あり、味方の中にも敵《てき》あるのぞ。金《きん》の国へ皆が攻めてくるぞ。神の力をいよいよ現して、どこまで強いか神の力を現して見せてやるから、攻めてきてみよ。
臣民の洗濯第一と言っておること、忘れるなよ。

日津久神《ひつくのかみ》

第四十一帖　（四一）

人の知らんゆかれん所で何しているのぞ。神にはよう分かっておるから、いよいよという時が来たら助けようもないから気をつけてあるのに、まだ目覚めぬか。

闇《やみ》のあとが夜明けばかりと限らんぞ。闇が続くかもしれんぞ。

何もかも捨てる臣民、幸いぞ。捨てると摑《つか》めるぞ。

日津久神《ひつきのかみ》

第四十二帖　（四二）

初めの御用はこれで済みたから、早うお山開《ひら》いてくれよ。お山開《ひら》いたら、次の世の仕組書かすぞ。

一《ひと》月の間に書いてくれた筆は、上《うえ》つ巻として、のちの世に残してくれよ。これから一月《ひと》の間に書かす筆は、次の世の、神の世の仕組の筆ざから、それは下《しも》つ巻として、のちの世に残さすぞ。そのつもりで気をつけてくれよ。御《ご》苦労なれども世界の臣民のためざから、何事も神の申すこと素直に聞いてくだされよ。

七月の九日

日《ひ》津《つ》久《く》神《のかみ》かく

第二巻　下《しも》つ巻　全三十八帖

自　昭和十九年七月十二日
至　昭和十九年八月　三日

第一帖 （四三）

富士は晴れたり、日本晴れ。青垣山《あおがきやま》巡れる下《した》つ岩根《いわね》に祭りくれた、御《ご》苦労ぞ。いよいよ神も嬉しいぞ。鳥居は要らぬぞ。鳥居とは水《みず》のことぞ。海の水ある、それ鳥居ぞ。皆の者、御《ご》苦労ぞ。蛇《じゃ》が岳は、昔から神が隠しておりた大切の山ざから、人の登らぬようにして龍神となりて守りてくれた神々様にもお礼申すぞ。

富士は晴れたり、日本晴れ。

いよいよ次の仕組にかかるから、早う次の御用聞いてくれよ。神急《せ》けるぞ。山晴れ、地《くに》晴れ、海晴れて、初めて天《てん》晴れるぞ。天《てん》晴れて神の働きいよいよ激しくなりたら、臣民いよいよ分からなくなるから、早う神心《かみごころ》になりておりてくだされよ。次々に書かしておくから、よく心に留《と》めておいてくだされよ。

この教えは、教えではないぞ。教会ではないぞ。道ざから、今までのような教会作らせんぞ。道とは臣民に神が満ちることぞ。神の国の中に神が満ち満ちることぞ。
金儲《かねもう》けさせんぞ。欲捨ててくだされよ。
七月の十二日《ひ》の筆
日津久神《ひつくのかみ》

第二帖　（四四）

今度の岩戸開《ひら》く御用は、人の五倍も十倍も働く人でないと務まらんぞ。岩戸開《ひら》くと申しても、それぞれの岩戸あるぞ。大工は大工の岩戸、左官《さかん》は左官の岩戸と、それぞれの岩戸あるから、それぞれ身魂《みたま》相当の岩戸開《ひら》いてくれよ。欲が出ると分からんことに、盲《めくら》になるから、神、気つけるぞ。神の御用と申して自分の仕事休むような心では、神の御用にならんぞ。どんな苦しい仕事でも、今の仕事、十人分もしてくだされよ。神は見通しざから、次々に良きようにしてやるから、欲出さず素直に今の仕事いたしておりてくれよ。その上《うえ》で神の御用してくれよ。

役員と申しても、それで食うたり飲んだり暮らしてはならん。それぞれに臣民としての役目あるぞ。役員面《づら》したら、その日から替わりの者出すぞ。鼻ポキンと折れるぞ。神で食うてゆくことはならんから、くれぐれも気をつけておくぞ。

七月の十三日《にち》

日津久神《ひつくのかみ》

皆の者、御《ご》苦労であったぞ。

第三帖（四五）

この神のまことの姿見せてやるつもりでありたが、人に見せるとびっくりして気を失うもしれんから、石に彫《ほ》らせて見せておいたのにまだ気づかんから、木の型をやったであろうがな。それが神のある活動の時の姿であるぞ。神の見せ物にしてはならんぞ。

お山の骨もそのとおりぞよ。これまで見せてもまだ分からんか。何もかも神がさしてあるのぞ。心配いらんから欲出さずに、素直に御用聞いてくだされよ。今度のお山開《びら》き、まことに結構であるぞ。神が激しくなると、神の話よりできんことになるぞ。神の話、結構ぞ。

七月の十三日

日津久神《ひつくのかみ》

第四帖（四六）

早く皆の者に知らしてくれよ。神急《せ》けるぞ。

お山の宮も五十九の岩で造らせておいたのに、まだ気がつかんか。それを見ても神が使ってさしておること、よく分かるであろが。それで素直に神の申すこと聞いてくれて、我《が》を出すなと申しているのぞ。

何事も神に任せて、取り越し苦労するなよ。我《が》がなくてもならず、我《が》があってもならず、今度の御用なかなか難しいぞ。

五十九の石の宮できたから、五十九の石身魂《いしみたま》いよいよ神が引き寄せるから、しっかりしておりてくだされよ。今度の五十九の身魂は御苦労《ごくろう》の身魂ぞ。人のようせん辛抱さして、生き変わり死に変わり修行さしておいた昔からの因縁の身魂のみざから、見事、御用務め上げてくれよ。

教会作るでないぞ。信者作るでないぞ。無理に引っ張るでないぞ。

この仕組、知らさなならず、知らしてならんし、神もなかなかに苦しいぞ。世の元からの仕組ざから、いよいよ岩戸開《ひら》く時来たぞ。

七月の十三日《にち》

日津久神《ひつくのかみ》

第五帖 （四七）

江戸に神と人との集まる宮建てよ。建てると申しても家《いえ》は型でよいぞ。仮のものざから、人の住んでいる家《うち》でよいぞ。神の石祭りて、神人《かみひと》祭りてくれよ。それができたら、そこでお告げ書かすぞ。寂《さび》しくなった人は、集まりてその筆見てよ。筆見れば誰でも甦《よみがえ》るぞ。

この筆、写す役いるぞ。この筆、印刷してはならんぞ。神の民の言葉は、神称《たた》えるものと思え。天子様称えるものと思え。人褒《ほ》めるものと思え。それで言霊幸《ことだまさきわ》うぞ。それが臣民の言葉ぞ。悪き言葉は言ってはならんぞ。言葉は、善きことのために神が与えているのざから、忘れんようにな。

七月の十五日《にち》　　日津久神《ひつくのかみ》の筆

第六帖　（四八）

今までの筆、縁《えん》ある臣民に早う示してくれよ。御用の身魂が、喜んでいろいろ御用するようになるから、早う示して、江戸に仮の宮造りてくれよ。神々様、臣民まつろいて岩戸開《ひら》く基《もと》できるから、早う知らせてくれよ。誰でも見て読めるように写して、神前に置いて、誰でも読めるようにしておいてくれよ。役員よく考えて、見せる時、間違えぬようにしてくれよ。

七月の十五日《にち》

日津久神《ひつくのかみ》の筆

第七帖　（四九）

この筆読んで嬉しかったら、人に知らしてやれよ。しかし、無理には引っ張ってくれるなよ。この神は、信者集めて喜ぶような神でないぞ。世界中の民、皆信者ぞ。それで教会のようなことするなと申すのぞ。世界中、大洗濯《おおせんたく》する神ざから、小さいこと思うていると見当取れんことになるぞ。

一二三祝詞《ひふみのりと》するときは、神の息に合わして宣《の》れよ。神の息に合わすのは、三五七、三五七に切って宣れよ。終《しま》いだけ節《ふし》長く読めよ。それを三度《みたび》読みて宣り上げよ。天津祝詞《あまつのりと》の神とも、この方申《ほう》すぞ。
七月十五日《にち》
日津久神《ひつくのかみ》

第八帖　（五〇）

この筆、皆に読み聞かしてくれよ。一人も臣民おらぬ時でも、声出して読んでくれよ。真心《まごころ》の声で読んでくれよ。臣民ばかりに聞かすのでないぞ。神々様にも聞かすのざから、そのつもりで力あるまことの声で読んでくれよ。
七月の十七日《にち》
日津久神《ひつくのかみ》

第九帖　（五一）

今度の戦は、☉と〇との大戦《おおいくさ》ぞ。神様にも分からん仕組が世の元の神がなされているのざから、下《しも》の神々様にも分からんぞ。何が何だか誰も分からんようになって、どちらも丸潰《つぶ》れというところになりた折《おり》、大神のみことによりてこの方《ほう》らが神徳《しんとく》出して、九分九厘《くぶくりん》というところで神の力がどんなにえらいものかということ知らして、悪の神（〇）も改心せならんように仕組みてあるから、神（☉）の国は神（☉）の力で世界の親国《おやぐに》になるのぞ。

☉と〇とは、心の中に・《てん》があるか、・がないかの違いであるぞ。

この方《ほう》は三四五《みよいづ》の神とも現れるぞ。

江戸の御社《みやしろ》は、誰でも気楽に来て拝《おが》めるようにしておいてくれよ。

この方《ほう》の筆書く役員、筆写す役員、筆説いて聞かす役員要るぞ。役員は、人のあとについて便所を掃除するだけの心掛けないと務まらんぞ。役員面《づら》したらすぐ替え身魂使うぞ。

七月の十七日《にち》

日津久神《ひつくのかみ》

第十帖　（五二）

八月の十日《か》には、江戸に祭りてくれよ。

ア、イ、ウは縦ぞ。ア、ヤ、ワは横ぞ。縦横組みて十となるぞ。十は火と水ぞ。縦横結びて力出るぞ。何も心配ないから、ドシドシと神の申すとおりに御用進めてくれよ。臣民は静かに、神は激しき時の世、近づいたぞ。

七月の十七日《にち》

日津久神《ひつくのかみ》

第十一帖　（五三）

獣《けもの》さえ神の御旨《み》に息《いき》せるを神を罵《ののし》る民の多《さわ》なる

　草木さえ神の心に従っているではないか。神の旨にそれぞれに生きているでないか。あの姿に早う返りてくれよ。青人草《あおひとくさ》と申すのは、草木の心の民のことぞ。

　道は自分で歩めよ。御用は自分で務めよ。人がさしてくれるのでないぞ。自分で御用するのぞ。道は自分で開《ひら》くのぞ。人頼りてはならんぞ。

　七月の十八日《にち》

日津久神《ひつくのかみ》

第十二帖 （五四）

この神は、日本人のみの神でないぞ。自分で岩戸開《ひら》いておれば、どんな世になりても楽にゆけるように神がしてあるのに、臣民というものは欲が深いから、自分で岩戸閉めてそれでお蔭《かげ》ないと申しているが、困ったものぞ。早う気づかんと気の毒できるぞ。初めの役員、十柱《とはしら》集めるぞ。早うこの筆写しておいてくれよ。神急《せ》けるぞ。

七月の十八日《にち》

日津久神《ひつくのかみ》

第十三帖 （五五）

逆立ちして歩くこと、なかなか上手になりたれど、そんなこと長う続かんぞ。頭《あたま》下《した》で、手で歩くのは苦しかろがな。上にいては足も苦しかろがな。上下《うえした》逆さまと申してあるが、これでよく分かるであろ。足は、やはり下《した》の方《ほう》が気楽ぞ。頭上《あたまうえ》でないと逆さに見えて苦しくて、逆さまばかり映るのぞ。この道理分かりたか。

岩戸開《ひら》くとは、元の姿に返すことぞ。神の姿に返すことぞ。三《みち》の役員は別として、あとの役員の御役《おん》は手、足、目、鼻、口、耳などぞ。人の姿見て、役員よく神の心悟れよ。もの動かすのは、人のような組織でないとできぬぞ。

この道の役員は、己が自分で自《おの》ずからなるのぞ。それが神の心ぞ。人の心と行いと神の心に溶けたら、それが神の国のまことの御用の役員ぞ。この道理分かりたか。この道は神の道ざから、神心《かみごころ》になるとすぐ分かるぞ。

金銀《きんぎん》要らぬ世となるぞ。

御用嬉しくなりたら、神の心に近づいたぞ。手は手の役、嬉しかろうがな。足は足の役、嬉しかろうがな。足はいつまでも足ぞ。手はいつまでも手ぞ。それがまことの姿ぞ。逆立ちして手が足の代わりしていたから、よく分かりたであろがな。

いよいよ世の終わりが来たから、役員気つけてくれよ。神世近づいて嬉しいぞよ。

日本は別として、世界七つに分けるぞ。今に分かりてくるから、静かに神の申すこと聞いておいてくだされよ。

この道は、初め苦しいが、だんだん良くなる仕組ぞ。

分かりた臣民から、御用作りてくれよ。御用はいくらでも、どんな臣民にでもそれぞれの御用あるから、心配なく務めてくれよ。

七月の十八日《にち》の夜《よ》

日津久神《ひつくのかみ》

第十四帖　（五六）

臣民ばかりでないぞ。神々様にも知らせなならんから、なかなか大層と申すのぞ。

一二三《ひふみ》の仕組とは、永久《とわ》に動かぬ道のことぞ。三四五《みよいづ》の仕組とは、御世出づ《みよい》の仕組ぞ。御世出づ《みよい》とは神の御世《みよ》になることぞ。この世を神の国に練り上げることぞ。神祭りたら、三四五《みよいづ》の御用に掛かるから、そのつもりで用意しておいてくれよ。

この神は世界中の神と臣民と、獣《けだもの》も草木も構わねばならんのざから、御役《おん》いくらでもあるぞ。

神様と臣民、同じ数だけあるぞ。それぞれに神つけるから、早う身魂磨いてくれよ。磨けただけの神をつけて、天晴れ《あっぱ》、のちの世に残る手柄立てさすぞ。

小さいことはそれぞれの神に聞いてくれよ。一人一人何でも聞きたいことは、病治すこともそれぞれの神がするから、審神者《さにわ》でお告げ受けてくれよ。この方《ほう》の家来《けらい》の神が知らせるから、何でも聞けよ。病も治してやるぞ。この神頼りたなら、身魂磨けただけの神徳あるぞ。

この世始まってない今度の岩戸開き《びら》ざから、これからがいよいよぞ。とんだところにとんだことできるぞ。それは皆神がさしてあるのざから、よく気つけておれば先のこともよく分かるようになるぞ。元の神代に返すと申すのは、たとえでないぞ。七から八から九から十から神激しくなるぞ。

臣民の思うとおりにはなるまいがな。それは逆立ちしているからぞ。世界一度にキの国に掛かりてくるから、一時《いちじ》は潰《つぶ》れたように、もう敵《かな》わんというところまでになるから、神はこの世におらんと臣民申すところまで惨《むご》いことになるから、外国が勝ちたように見える時が来たら神の世近づいたのぞ。いよいよとなりてこねば分からんようでは御用できんぞ。

七月の二十日《にち》

日《ひ》津《つ》久神《くのかみ》

第十五帖　（五七）

この方《ほう》祭りて筆書かすのは一所《ひとところ》なれど、いくらでも分け御霊《みたま》するから、一人一人祭りて審神者《さにわ》作りてもよいぞ。祭る時は、まず鎮守《ちんじゅ》様によくお願いしてから祭れよ。鎮守様は御《ご》苦労な神様ぞ。忘れてはならんぞ。

この神には、鳥居と注連《しめ》は要らんぞ。追い追い分かりてくるぞ。一二七七七七忘れてはならんぞ。次の世の仕組であるぞ。身魂磨けば何事も分かりてくると申してあろがな。黙っていても分かるように早うなってくだされよ。神の国近づいたぞ。

七月の二十一日《にち》

日津久神《ひつくのかみ》

第十六帖　（五八）

知恵でも学問でも、今度は金《かね》積んでもどうにもならんことになるから、そうなりたら神を頼るよりほかに手はなくなるから、そうなってから助けてくれと申しても間に合わんぞ。

イシヤの仕組に掛かりて、まだ目覚めん臣民ばかり。日本精神と申して、仏《ぶつ》の精神やキリストの精神ばかりぞ。今度は、神があるかないかを、はっきりと神力《しんりき》見せて、イシヤも改心さすのぞ。

神の国のお土に悪を渡らすことならんのであるが、悪の神渡りてきているから、いつか悪の鬼ども上がるもしれんぞ。神の国ぞと口先ばかりで申しているが、心の内は外国人たくさんあるぞ。

富士から流れ出た川には、それぞれ名前のついている石置いてあるから、縁《えん》ある人は一つずつ拾いてこいよ。お山までゆけぬ人は、その川で拾うてこい。御霊《みたま》入れて守りの石といたしてやるぞ。これまでに申しても疑う臣民あるが、嘘《うそ》のことならこんなにくどうは申さんぞ。因縁の身魂には神から石与えて、守護神の名、つけてやるぞ。

江戸が元のスス原になる日、近づいたぞ。天子様を都《みやこ》に移さなならん時来たぞ。江戸には人民住めんような時が一度は来るのぞ。前のような世が来ると思うていたら大間違いぞ。江戸の仕組済みたら、甲斐《かい》の御用あるぞ。今に寂《さび》しくなりてくると、この道栄えて世界の臣民、皆訪ねてくるようになるぞ。

七月の二十一日《にち》の夜《よ》

日津久神《ひつくのかみ》

第十七帖（五九）

学《がく》や知恵では、外国に敵《かな》うまいがな。神頼れば神の力出るぞ。善いこと言えば善くなるし、悪きこと思えば悪くなる道理、分からんか。

今の臣民、口先ばかり。こんなことでは神の民とは申されんぞ。天明《てんめい》は筆書かす役ぞ。神の心取り次ぐ役ざが、慢心すると誰彼《だれかれ》の別はなく、替え身魂使うぞ。因縁のある身魂は、この筆見れば心勇んでくるぞ。一人で七人ずつ道伝えてくれよ。その御用がまず初めの御用ぞ。この筆どおり伝えてくれればよいのぞ。自分心《ごころ》で説くと間違うぞ。筆どおりに知らしてくれよ。我《が》を張ってはならぬぞ。我《が》がなくてはならぬぞ。この道難しいなれど、縁《えん》ある人は勇んでできるぞ。

七月の二十一日《にち》

日津久神《ひつくのかみ》

第十八帖（六〇）

この道は神の道であり、人の道であるぞ。この道の役員は、神が命ずることもあるが、己が御用すれば自然と役員となるのぞ。誰彼の別ないぞ。世界中の臣民、皆信者ざから、臣民が人間心《ごころ》では見当取れんのも無理ないなれど、このことよく腹に入れておいてくれよ。

神の土出るぞ。早く取りて用意して、皆に分けてやれよ。

神に心向ければ、いくらでも神徳与えて、何事も楽にしてやるぞ。

七月の二十三日《にち》

日津久神《ひつくのかみ》の筆

第十九帖（六一）

苦しくなりたらいつでもござれ。その場で楽にしてやるぞ。神に従えば楽になって、逆らえば苦しむのぞ。

命《いのち》も金《かね》も一旦天地《てんち》へ引き上げしまうもしれんから、そうならんように心の洗濯第一ぞと申して、くどく気つけていること、まだ分からんか。

七月の二十三日

第二十帖　（六二）

日津久神《ひつくのかみ》

上《うえ》、中《なか》、下《した》の三段に身魂を選《よ》り分けてあるから、神の世となりたら、何事もきちりきちりと面白いようにできていくぞ。

神の世とは、神の心のままの世ぞ。今でも臣民、神心《かみごころ》になりたら何でも思うとおりになるぞ。臣民、近欲《ちかよく》なから、心曇りているから分からんのぞ。

今度の戦は、神力《しんりき》と学力《がくりき》の止《と》めの戦ぞ。神力《しんりき》が九分九厘《くぶくりん》まで負けたようになったときに、まことの神力《しんりき》出してグレンと引っ繰り返して神の世にして、日本の天子様が世界丸めてしろしめす世といたして、天地《てんち》神々様にお目に掛けるぞ。

天子様の光が世界の隅々までゆき渡る仕組が、三四五《みよいづ》の仕組ぞ。岩戸開《びら》きぞ。

いくら学力《がくりき》強いと申しても百日《ひやくにち》の雨降《ふ》らすことできまいがな。百日雨降《ふ》るとどんなことになるか、臣民には分かるまい。百日と申しても、神から言えば瞬《またた》きの間《ま》ぞ。

七月の二十三日《にち》

日津久神《ひつくのかみ》

第二十一帖　（六三）

・ばかりでもならぬ。◯ばかりでもならぬ。⊙がまことの神の、元の国の姿ぞ。元の神の国の臣民は⊙でありたが、・が神の国に残り◯が外国で栄えて、どちらも片輪《かたわ》となったのぞ。・も片輪、◯も片輪、・と◯と合わせてまことの⊙《かみ》の世にいたすぞ。

今の戦は、・と◯との戦ぞ。神の最後の仕組と申すのは、◯に・入れることぞ。◯も五ぞ、・も五ぞ。どちらもこのままでは立ちてゆかんのぞ。

一厘の仕組とは、◯に神の国の・を入れることぞ。よく心に畳《たた》みておいてくれよ。

神は十柱《とはしら》、五十九柱の体待ちているぞ。五十と九柱の御霊《みたま》の神々様、お待ちかねであるから、早う参りてくれよ。今度の御《おん》役大層であるが、末代残る結構なお役であるぞ。

七月の二十四日

日津久神《ひつくのかみ》

第二十二帖（六四）

岩戸開《ひら》く仕組、知らしてやりたいなれど、この仕組、言うてはならず、言わねば臣民には分からんし、神苦しいぞ。早う神心《かみごころ》になりてくれと申すのぞ。身魂の洗濯急ぐのぞ。

合鍵《あいかぎ》、・〇⊙。この鍵は、イシヤと、しか手握ることぞ。

七月の二十八日《にち》

日津久神《ひつくのかみ》

第二十三帖　（六五）

世が引っ繰り返って元の神代に返るということは、神々様には分かっておれど、世界所々にそのこと知らし告げる神柱《かみばしら》あるなれど、最後のことはこの神でないと分からんぞ。

この方《ほう》は、天地《てんち》を綺麗に掃除して天《てん》の大神様にお目に掛けねば済まぬ御《おん》役であるから、神の国の臣民は、神の申すようにして天地《てんち》を掃除して天子様に奉《たてまつ》らならん御《おん》役ぞ。

江戸に神早う祭りてくれよ。仕組どおりにさすのであるから、臣民我《が》を去りてくれよ。

この方《ほう》祭るのは、天之日津久《あめのひつく》の家《いえ》ぞ。祭りて秋立ちたら、神いよいよ激しく、臣民の性来《しょうらい》によって、臣民の中に神と獣《けもの》とはっきり区別せねばならんことになりてきたぞ。神急《せ》けるぞ。

七月の三十日《にち》

第二十四帖　（六六）

一《いち》が十にと申してありたが、一が百《ひゃく》に、一が千《せん》に、一が万《まん》になる時いよいよ近づいたぞ。秋立ちたら、すくりと厳しきことになるから、神の申すこと一分《いちぶ》一厘《いちりん》違わんぞ。

改心と申すのは、何もかも神にお返しすることぞ。臣民のものというもの、何一つもあるまいがな。草の葉一枚でも神のものぞ。

七月の三十日《にち》

日津久神《ひつくのかみ》

第二十五帖　（六七）

今度の戦で何もかも埒《らち》ついてしまうように思うているが、それが大きな取り違いぞ。なかなかそんな、ちょろっこいことではないぞ。今度の戦で埒つくくらいなら、臣民でもいたすぞ。

今に、戦もできない、動くことも引くことも、進むこともどうすることもできんことになりて、臣民は神がこの世にないものと言うようになるぞ。

それからが、いよいよ正念場ぞ。まことの神の民と獣《けもの》とをはっきりするのは、それからぞ。戦できる間《あいだ》は、まだ神の申すこと聞かんぞ。戦できぬようになりて、初めて分かるのぞ。神の申すこと、ちっとも違わんぞ。間違いのことなら、こんなにくどうは申さんぞ。

神は気《け》もない時から知らしてあるから、いつ岩戸が開《ひら》けるかということも、この筆よく読めば分かるようにしてあるのぞ。改心が第一ぞ。

七月の三十日《にち》

日津久神《ひつくのかみ》の筆

第二十六帖　（六八）

神の国を真中《まなか》にして世界分けると申してあるが、神祭るのと同じやり方ぞ。天之日津久《あめのひつく》の家《いえ》とは、天之日津久《あめのひつく》の臣民の家《いえ》ぞ。天之日津久《あめのひつく》と申すのは天《あめ》の益人《ますひと》のことぞ。江戸の富士と申すのは、日津久の家《いえ》の中に富士の形作りて、その上《うえ》に宮造りてもよいのぞ。仮でよいのぞ。

こんなにこと分けては、こののちは申さんぞ。小さいことは、審神者《さにわ》で家来の神々様から知らすのであるから、そのこと忘れるなよ。

仏《ぶつ》も耶蘇《やそ》も、世界中、丸めるのぞ。喧嘩して大き声する所には、この方《ほう》鎮まらんぞ。このこと忘れるなよ。

七月の三十一日《にち》

日津久神《ひつくのかみ》

第二十七帖　（六九）

この方《ほう》は祓戸《はらえど》の神とも現れるぞ。

この方《ほう》祭るのは、富士に三《み》と所、渦海《うずうみ》に三《み》と所、江戸にも三《み》と所ぞ。奥山《おくやま》、中山《なかやま》、一《いち》の宮ぞ。

富士は、榛名《はるな》に祭りてくれて御《ご》苦労でありたが、これは中山ぞ。一《いち》の宮と奥の山にまだ祭らねばならんぞ。

渦海の仕組も急ぐなれど、甲斐《かい》の仕組早うさせるぞ。

江戸にも三《み》と所。天明《てんめい》の住んでいる所、奥山ぞ。天之日津久《あめのひつく》の家《いえ》、中山ぞ。ここが一《いち》の宮ざから、気つけておくぞ。

この方《ほう》祭るのは、真中に神の石鎮め、そのあとに神籬《ひもろぎ》、前の右左《みぎひだり》に神籬《ひもろぎ》、それがアとヤとワぞ。そのあとに三つ、七五三と神籬《ひもろぎ》立てさすぞ。少し離れて四隅にイ、ウ、エ、オの言霊石《ことだまいし》、置いてくれよ。鳥居も注連《しめ》も要らぬと申してあろがな。このことぞ。

この方《ほう》祭るのも、役員の仕事も、この世の組立も、皆七ヽヽヽと申して聞かしてあるのには、気がまだつかんのか。

臣民の家《いえ》に祭るのは、神の石だけでよいぞ。天之日津久《あめのひつく》の家《いえ》には、どこでも前に言うたようにして祭りてくれよ。

江戸の奥山には八日《ようか》、秋立つ日に祭りてくれよ。中山九日《くにち》、一の宮には十日《とおか》に祭りてくれよ。

気つけてあるのに、神の筆読まぬから分からんのぞ。このこと、よく読めば分かるぞ。今のようなことでは神の御用務まらんぞ。正直だけでは神の御用務まらんぞ。裏と表とあると申して、気つけてあろうがな。

しっかり筆読んで、すきりと腹に入れてくれよ。読む度《たび》ごとに神が気つけるように声出して読めば、読むだけお蔭《かげ》あるのぞ。

七月の三十一日《にち》

日津久神《ひつくのかみ》

第二十八帖 （七〇）

瞬きの間《ま》に天地《てんち》引っ繰り返るような大騒動ができるから、くどう気つけているのざ。さあという時になりてからでは間に合わんぞ。用意なされよ。戦の手伝いくらいならどんな神でもできるのざが、この世の大洗濯《おおせんたく》は、我《われ》よしの神ではようできんぞ。この方《ほう》は元のままの体持ちているのざから、いざとなればどんなことでもしてみせるぞ。

仮名ばかりの筆と申して馬鹿にする臣民も出てくるが、終《しま》いにはその仮名に頭下げてこねばならんぞ。仮名とは神の名ぞ。神の言葉ぞ。

今の上《うえ》の臣民、自分で世の中のことやりているように思うているが、皆神が化かして使っているのに気づかんか。気の毒なお役も出てくるから、早う改心してくれよ。

年寄りや女や盲《めくら》、聾《つんぼ》ばかりになりてもまだ戦やめず、神の国の人種《ひとだね》のなくなるところまでやり抜く悪の仕組、もう見ておれんから、神はいよいよ奥の手出すから、奥の手出したら今の臣民ではよう堪《こた》えんから、身魂曇りているから、それでは虻蜂《あぶはち》取らずざから、早う改心せよと申しているのぞ。このことよく心得てくだされよ。神急《せ》けるぞ。

八月二日《か》　日津久神《ひつくのかみ》

第二十九帖　（七一）

神の土出ると申してありたが、土は五色《ごしき》の土ぞ。それぞれに国々、所々から出るのぞ。白、赤、黄、青、黒の五色《いついろ》ぞ。薬のお土もあれば、食べられるお土もあるぞ。神に供えてからいただくのぞ。何事も神からぞ。

八月二日《か》　日津久神《ひつくのかみ》

第三十帖　（七二）

八のつく日に気つけてくれよ。だんだん近づいたから、辛酉《かのととり》は佳き日、佳き年ぞ。冬に桜咲《さ》いたら気つけてくれよ。

八月二日　　　　　　日津久神《ひつくのかみ》

第三十一帖　（七三）

この神に供えられたものは、何によらん、私《わたくし》することならんぞ。参りた臣民にそれぞれ分けて、喜ばしてくれよ。臣民喜べば神も喜ぶぞ。神喜べば天地《てんち》光りてくるぞ。天地《てんち》光れば富士晴れるぞ。富士は晴れたり日本晴れとは、このことぞ。

このような仕組で、この道広めてくれよ。それが政治ぞ、経済ぞ、祭りぞ。

分かりたか。

八月の三日《か》

日津《ひつ》久神《くのかみ》

第三十二帖　（七四）

この道広めて金《かね》儲けしようとする臣民、たくさんに出てくるから、役員気つけてくれよ。役員の中にも出てくるぞ。金《かね》は要らぬのざぞ。金《かね》要るのは今しばらくぞ。命《いのち》は国に捧げても金《かね》は自分のものと頑張っている臣民、気の毒できるぞ。何もかも天地《てんち》へ引き上げぞと知らしてあること、近づいてきたぞ。金敵《かねかたき》の世来たぞ。

八月三日《か》

日津《ひつ》久神《くのかみ》

第三十三帖（七五）

親となり子となり夫婦となり、同胞《はらから》となりて、生き変わり死に変わりして御用に使っているのぞ。臣民同士、世界の民、皆同胞と申すのは、たとえでないぞ。血が繋《つな》がりているまことの同胞ぞ。同胞喧嘩も時によりけりぞ。あまり分からぬと神も堪忍袋《かんにんぶくろ》の緒《お》、切れるぞ。どんなことあるかしれんぞ。

この道の信者は神が引き寄せると申せば、役員懐《ふところ》手《で》でおるが、そんなことでこの道開《ひら》けると思うか。一人が七人の人に知らせ、その七人が済んだら次の御用に掛からすのぞ。一聞いたら十知る人でないと、この御用務まらんぞ。裏表、よく気つけよ。

因縁の身魂は、どんなに苦しくとも勇んでできる世の元からのお道ぞ。七人に知らしたら役員ぞ。神が命ずるのでない、自分から役員になるのぞと申してあるがな。役員は神の直々《じきじき》の使いぞ。神柱《かみばしら》ぞ。

肉体男《おとこ》なら、魂《たま》は女《おみな》ぞ。

この道盗《と》りに来る悪魔あるから気つけおくぞ。

八月の三日《か》

日津久神《ひつくのかみ》

第三十四帖　（七六）

臣民はすぐにも戦済みて良き世が来るように思うているが、なかなかそうはならんぞ。臣民に神うつりてせねばならんのざから、まことの世の元からの臣民幾人もないぞ。皆曇りているから、これでは悪の神ばかりが懸りて、だんだん悪の世になるばかりぞ。それで戦済むと思うているのか。自分の心よく見てござれ。よく分かるであろがな。

戦済んでもすぐに良き世とはならんぞ。それからが大切ぞ。胸突《むなつ》き八丁はそれからぞ。富士に登るのにも、雲の上《うえ》からが苦しいであろがな。戦は雲の掛かっているところぞ。頂《いただき》までの正味《しょうみ》のところはそれからぞ。

一、二、三年が正念場ぞ。三四五《みよいづ》の仕組と申してあろがな。

八月の三日《か》

日津久神《ひつくのかみ》

第三十五帖　（七七）

何もかも持ちつ持たれつであるぞ。臣民喜べば神も喜ぶぞ。金《きん》では世は治まらんと申してあるのに、まだ金《きん》追うている見苦しい臣民ばかり。金《きん》は世を潰《つぶ》す元ぞ。臣民、世界の草木まで喜ぶやり方は、☉の光のやり方ぞ。臣民の命《いのち》も長うなるぞ。天子様は生き通しになるぞ。お体のままに神界に入られ、またこの世に出られるようになるぞ。死のない天子様になるのぞ。それには、今のような臣民のやり方ではならんぞ。今のやり方では、天子様に罪ばかりお着せしているのざから、このくらい不忠なことないぞ。それでも天子様はお許しになり、位《くらい》までつけてくださるのぞ。このことよく改心して、一時《ひととき》も早く忠義の臣民となってくれよ。
八月の三日《か》
日津久神《ひつくのかみ》

第三十六帖（七八）

神をそちのけにしたら、何も出来上がらんようになりたぞ。国盗《と》りに来てグレンと引っ繰り返りておろがな。それでも気づかんか。一にも神、二にも神、三にも神ぞ。一にも天子様、二にも天子様、三にも天子様ぞ。この道、辛《つら》いようなれど貫きてくれよ。だんだんと良くなりて、こんな結構なお道かと申すようにしてあるのざから、何もかもお国に捧げて自分の仕事を五倍も十倍も精出してくれよ。戦くらい何でもなく終わるぞ。

今のやり方では、とことんに落ちてしまうぞ。神くどう気つけておくぞ。国々の神様、臣民様、改心第一ぞ。

八月三日《か》

日津久神《ひつくのかみ》

第三十七帖（七九）

世が変わりたら、天地《てんち》光り、人も光り、草も光り、石も物心《ものごころ》に歌うぞ。雨も欲しい時に降《ふ》り、風も欲しい時に吹くと、雨の神、風の神様申しておられるぞ。今の世では、雨風《あめかぜ》を臣民がワヤにしているぞ。降《ふ》っても降《ふ》れず、吹いても吹かんようになりているのが分からんか。盲《めくら》、聾《つんぼ》の世の中ぞ。神のいる場所塞《ふさ》いでおりてお蔭《かげ》ないと不足申すが、分からんと申してもあまりであるぞ。

神ばかりでもならず、臣民ばかりではなおならず、臣民は神の入れものと申してあろが。天之日津久《あめのひつく》の民と申すのは、世界治める御霊《みたま》の入れもののことぞ。民草《たみくさ》とは一人を守る入れものぞ。日津久《ひつく》の臣民は、神がとことん試しに試すのざから、かわいそうなれど我慢《がまん》してくれよ。その代わり御用務めてくれたら、末代名を残して、神から御《おん》礼申すぞ。何事も神は帳面につけ留めているのざから間違いないぞ。この世ばかりでないぞ、生まれ変わり死に変わり鍛えているのぞ。日津久《ひつく》の臣民落ちぶれていると申してあろがな。

今に上《うえ》、下《した》になるぞ。逆立ちがおん返りて、元の良き楽の姿になるのが近づいたぞ。逆立ち苦しかろがな。改心した者から楽にしてやるぞ。御用に使うぞ。

八月三日《か》

日津久神《ひつくのかみ》

第三十八帖 （八〇）

富士は晴れたり、日本晴れ。

これで下《しも》つ巻の終わりざから、これまでに示したこと、よく腹に入れてくれよ。

神が真中で、取り次ぎ役員いくらでもいるぞ。役員は皆神柱《かみばしら》ぞ。国々、所々から訪ねてくるぞ。その神柱《かみばしら》には、御告《みつ》げの道知らしてやりてくれよ。日本の臣民、皆取り次ぎぞ、役員ぞ。

この方《ほう》は、世界中丸めて大神様にお目に掛ける御役《おんやく》、神の臣民は、世界一つに丸めて天子様に捧げる御役《おん》ぞ。この方《ほう》とこの方《ほう》の神々と、神の臣民一つとなりて、世界丸める御役《おん》ぞ。

神祭りてくれたら、いよいよ仕組知らせる筆書かすぞ。これからが正念場ざから、褌《ふんどし》締めて掛かりてくれよ。秋立ちたら神激しくなるぞ。富士は晴れたり、日本晴れ。天子様の三四五《みよいづ》（御世出《みよい》づ）となるぞ。

八月の三日《か》

日津久神《ひつくのかみ》

第三巻　富士の巻　全二十七帖

自　昭和十九年八月　十日
至　昭和十九年八月三十日

第一帖　（八一）

道はいくらもあるなれど、どの道通ってもよいと申すのは、悪のやり方ぞ。元の道は一つぞ。初めから元の世の道、変わらぬ道があればよいと申しているが。どんなことしても我《われ》さえ立てばよいように申しているが、それが悪の深き腹の一厘ぞ。

元の道は初めの道、神のなれる道。神の中の・なる初め。・は光の真中、☉は四の道。このこと、気のつく臣民ないなれど。一《いち》が二《に》、分かる奥の道。身魂《みたま》掃除すればこのこと分かるのざ。身魂磨き第一ぞ。

八月十日《か》

☉之日津久神《のひつくのかみ》

第二帖　（八二）

甲斐《かい》の山々に立ちて、比礼《ひれ》振りて祓《はら》いてくれよ。日津久神《ひつくのかみ》に仕えている臣民、代わる代わるこの御《おん》役務めてくれよ。今は分かるまいなれど、結構な御《おん》役ぞ。

この筆、腹の中に入れておいてくれと申すに、言うこと聞く臣民少ないが、今に後悔するのがよく分かりているから、神はくどう気つけておくのぞ。読めば読むほど神徳あるぞ。どんなことでも分かるようにしてあるぞ。

言うこと聞かねば、一度は種《たね》だけにして根も葉も枯らしてしもうて、この世の大掃除《おおそうじ》せねばならんから、種のあるうちに気つけておれど、気つかねば気の毒できるぞ。

今度の祭り御《ご》苦労でありたぞ。神界では神々様、大変の御《おん》喜びぞ。雨の神、風の神殿、殊《こと》に御《おん》喜びになりたぞ。

この大掃除、一応やんだと安緒《あんど》する。この時、富士、鳴門《なると》が引っ繰り返るぞ。天《てん》の道、地《ち》の道ぞ。引っ繰り返るぞ。早う改心してくれよ。

八月の十一日《にち》

⊙之日津久神《のひつくのかみ》

第三帖　（八三）

メリカもキリスは更なり、ドイツもイタリもオロシヤも、外国は皆一つになりて神の国に攻め寄せてくるから、その覚悟で用意しておけよ。神界では、その戦の最中ぞ。学と神力《しんりき》との戦と申してあろがな。

どこからどんなことできるか、臣民には分かるまいがな。一寸《いっすん》先も見えぬほど曇りておりて、それで神の臣民と思うているのか。畜生にも劣りているぞ。まだまだ悪くなってくるから、まだまだ落ち沈まねば、本当の改心できん臣民たくさんあるぞ。

玉《たま》とは御魂《おんたま》ぞ。鏡とは内に動く御《おん》力ぞ。剣《つるぎ》とは外に動く御《おん》力ぞ。これを三種《みくさ》の神宝《かんだから》と申すぞ。

今は玉《たま》がなくなっているのぞ。鏡と剣だけぞ。それで世が治まると思うているが、肝心の真中ないぞ。それで散り散りバラバラぞ。アとヤとワの世の元要るぞと申してあろがな。この道理分からんか。剣と鏡だけでは戦勝てんぞ。それで早う身魂磨いてくれと申してあるのぞ。

上下《うえした》ないぞ。上下《うえした》に引っ繰り返すぞ。もう神待たれんところまで来ているぞ。身魂磨けたら、どんな所でどんなことしていても心配ないぞ。神界の都《みやこ》には悪が攻めてきているのざぞ。

八月の十二日《にち》　⊙之日津久神《のひつくのかみ》

第四帖　（八四）

一二三《ひふみ》の仕組が済みたら三四五《みよいづ》の仕組ぞと申してありたが、世の元の仕組は、三四五《みよいづ》の仕組から五六七《みろく》の仕組となるのぞ。五六七《みろく》の仕組とは弥勒《みろく》の仕組のことぞ。獣《けもの》と臣民とはっきり分かりたら、それぞれの本性出すのぞ。今度は万劫末代《まんごうまつだい》のことぞ。気の毒できるから、洗濯大切と申してあるのぞ。今度お役決まりたら、そのままいつまでも続くのざから、臣民よくこの筆読みておいてくれよ。

八月十三日　　　　　　　　　　　　⊙之日津久神《のひつくのかみ》

第五帖　（八五）

食うものがないと申して、臣民、不足申しているが、まだまだ少なくなりて、一時《いちじ》は食う物も飲む物もなくなるのぞ。何事も行《ぎょう》であるから、喜んで行してくだされよ。滝に打たれ、蕎麦粉食うて行者《ぎょうじゃ》は行しているが、断食《だんじき》する行者もいるが、今度の行は世界の臣民、皆二度とない行であるから厳しいのぞ。この行できる人と、よう我慢《がまん》できない人とあるぞ。この行できねば、灰にするよりほかないのぞ。今度の御用に使う臣民、激しき行さして神うつるのぞ。

今の神の力は、何も出てはおらぬのぞ。この世のことは、神と臣民と一つになりてできると申してあろがな。早く身魂磨いてくだされよ。

外国は〇、神の国は・と申してあるが、・は神ざ。〇は臣民ぞ。〇ばかりでも何もできぬ。・ばかりでもこの世のことは何も成就せんのぞ。それで、神懸《かみかか》れるように早う大洗濯《おおせんたく》してくれと申しているのぞ。神急《せ》けるのぞ。この御用大切ぞ。神懸《かみかか》れる肉体たくさん要るのぞ。

今度の行は、〇を綺麗にする行ぞ。掃除できた臣民から楽になるのぞ。どこにおりても、掃除できた臣民から良き御用に使って、神から御《おん》礼申して、末代名の残る手柄立てさすぞ。

神の臣民、掃除、洗濯できたらこの戦は勝つのぞ。今は一分《いちぶ》もないぞ。一厘《いちりん》もないぞ。これで神国《しんこく》の民と申して威張っているが、足下からびっくり箱が開《あ》いて、四つん這《ば》いになっても助からぬことになるのぞ。穴掘って逃げても、土潜っていても、灰になる身魂は灰ぞ。どこにいても助ける臣民、行って助けるぞ。神が助けるのでないぞ。神、助かるのぞ。臣民も神も一緒に助かるのぞ。この道理よく腹に入れてくれよ。この道理分かりたら、神の仕組はだんだん分かりてきて、何というありがたいことかと心がいつも春になるぞ。

八月の十四日《か》の朝

⦿之《の》日《ひ》津《つ》久神《くのかみ》

第六帖　（八六）

今は善の神が善の力弱いから、善の臣民苦しんでいるが、今しばらくの辛抱ぞ。悪神《あくがみ》総掛かりで善の肉体に取り懸ろうとしているから、よほど褌《ふんどし》締めて掛からんと負けるぞ。親や子に悪の神懸《かみかか》りて苦しい立場にして、悪の思うとおりにする仕組立てているから、気をつけてくれよ。

神の、も一つ上《うえ》の神の世の、も一つ上《うえ》の神の世の、も一つ上《うえ》の神の世は、戦済んでいるぞ。三四五《みよいづ》から五六七《みろく》の世になれば、天地《てんち》光りて何もかも見え透《す》くぞ。

八月のこと、八月の世界のこと、よく気つけておいてくれよ。いよいよ世が迫りてくると、やり直しできんと申してあろがな。いつも剣《つるぎ》の下《した》にいる気持ちで心引き締めておりてくれよ。

臣民、口で食べる物ばかりで生きているのではないぞ。

八月の十五日《にち》　　日津久神《ひつくのかみ》と⊙之日津久神《のひつくのかみ》の神記さすぞ

第七帖　(八七)

悪の世であるから、悪の臣民、世に出てござるぞ。善の世にグレンと引っ繰り返ると申すのは、善の臣民の世になることぞ。今は悪が栄えているのざが、この世では人間の世界が一番遅れているのざぞ。

草木はそれぞれに神のみことの随《まにま》になっているぞ。一本の大根でも、一粒の米でも、何でも尊くなったであろうが。一筋《ひとすじ》の糸でも光出てきたであろうがな。臣民が本当の務めしたならどんなに尊いか、今の臣民には見当取れまいがな。神が御《おん》礼申すほどに尊い仕事できる身魂ぞ。殊に神の国の臣民、皆まことの光現したなら、天地《てんち》が輝いて悪の身魂は目開《あ》いておれんことになるぞ。結構な血筋に生まれていながら、今の姿は何事ぞ。神はいつまでも待てんから、いつ気の毒できるか知れんぞ。

戦恐れているが、臣民の戦くらい何が怖いのぞ。それより己の心に巣くうてる悪の御霊《みたま》が怖いぞ。

八月の十六日《にち》

⊙之日津久神《のひつくのかみ》

第八帖　（八八）

山は神ぞ。川は神ぞ。海も神ぞ。雨も神、風も神ぞ。天地《てんち》、皆神ぞ。草木も神ぞ。

神祭れと申すのは、神にまつろうことと申してあろが。神々まつり合わすことぞ。皆何もかもまつり合った姿が、神の姿、神の心ぞ。皆まつれば何も足らんことないぞ。余ることないぞ。これが神国《しんこく》の姿ぞ。物足らぬ物足らぬと臣民泣いているが、足らぬのでないぞ。足らぬと思うているが、余っているのではないか。

上《かみ》の役人殿、まず神祭れ。神祭りて神心《かみごころ》となりて、神の政治せよ。戦などは何でもなくけりがつくぞ。

八月十七日《にち》

☉之日津久神《のひつくのかみ》

第九帖　（八九）

神界は七つに分かれているぞ。天《あま》つ国三つ、地《つち》の国三つ、その間に一つ。天《てん》国《ごく》が上中下《じょうちゅうげ》の三段、地国《じごく》も上中下《じょうちゅうげ》の三段、中界《ちゅうかい》の七つぞ。その一つ一つがまた七つに分かれているのぞ。その一つがまた七つずつに分かれているぞ。

今の世は地獄の二段目ぞ。まだ一段下《した》あるぞ。一度はそこまで下がるのぞ。今一《ひと》苦労あるとくどう申してあることは、そこまで落ちることぞ。地獄の三段目まで落ちたら、もう人の住めん所ざから、悪魔と神ばかりの世にばかりなるのぞ。

この世は人間に任しているのざから、人間の心次第ぞ。しかし、今の臣民のような腐った臣民ではないぞ。いつも神の懸っている臣民ぞ。神懸《かみがか》りとすぐ分かる神懸《かみがか》りではなく、腹の底にしっくりと神鎮まっている臣民ぞ。それが人間のまことの姿ぞ。

いよいよ地獄の三段目に入《い》るから、その覚悟でいてくれよ。地獄の三段目に入《い》ることの表は、一番の天国に出《い》づることぞ。神のまことの姿と、悪の見られんさまと、はっきり出てくるのぞ。神と獣《けもの》と分けると申してあるのは、このことぞ。何事も洗濯第一。

八月の十八日《にち》

⊙之《の》日《ひ》津《つ》久《くのかみ》神

第十帖　（九〇）

いよいよ戦激しくなりて、食うものもなく何もなくなり、住むところもなくなったらゆく所なくなるぞ。神の国から除かれた臣民と、神の臣民と、どちらが偉いか、その時になりたらはっきりするぞ。

その時になりてどうしたらよいかと申すことは、神の臣民なら誰でも神が教えて手引っ張ってやるから、今から心配せずに神の御用なされよ。

神の御用と申して、自分の仕事を怠けてはならんぞ。どんな所にいても神がすっかりと助けてやるから、神の申すようにして今は戦しておりてくれよ。天子様、御《ご》心配なさらぬようにするのが臣民の務めぞ。神の臣民、言《こと》（九十）に気をつけよ。江戸に攻めきたぞ。

八月の十九日《にち》

☉之《の》日《ひ》津《つ》久神《くのかみ》

第十一帖　（九一）

神土《かみつち》は、白は「し」のつく、黄は「き」のつく、青赤《あおあか》は「あ」のつく、黒は「く」のつく山々里々から出てくるぞ。よく探してみよ。三尺下《した》の土なればよいぞ。いくらでも要るだけは出てくるぞ。

八月二十日《にち》

☉之《の》日《ひ》津《つ》久神《くのかみ》

第十二帖　（九二）

お土は神の肉体ぞ。臣民の肉体もお土からできているのぞ。このこと分かりたら、お土の尊いことよく分かるであろがな。

お雛は女《おみな》ぞ。

甲斐《かい》の仕組、御《ご》苦労であったぞ。これからいよいよ厳しくなるぞ。よく世の中の動き見れば分かるであろうが。穢《けが》れた臣民、上がれぬ神の国に上がっているではないか。

いよいよとなりたら神が臣民にうつりて手柄さすなれど、今では軽石のような臣民ばかりで神懸《かみかか》れんぞ。早う神の申すことよく聞いて、生まれ赤子の心になりて、神の入れものになりてくれよ。

一人改心すれば千人助かるのぞ。今度は千人力与えるぞ。

何もかも悪の仕組は分かりているぞ。いくらでも攻めてきてござれ。神には世の元からの神の仕組してあるぞ。学や知恵でまだ神に敵《かな》うと思うてか。神には敵わんぞ。

八月の二十一日《にち》

⊙之日津久神《のひつくのかみ》

タイチ、御《ご》苦労でありたぞよ。

第十三帖　（九三）

何もかも天子様のものではないか。それなのに、これは自分の家《いえ》ぞ、これは自分の土地ぞと申して、自分勝手にしているのが神の気に入らんぞ。一度は天《てん》地《ち》に引き上げと知らしてありたこと、忘れてはならんぞ。一本の草でも神のものぞ。野から生まれた物、山から採れた物、海の幸《さち》も皆神に供えてから臣民いただけと申してあるわけも、それで分かるであろうがな。

この筆よく読みてさえおれば病気もなくなるぞ。そう言えば、今の臣民そんな馬鹿あるかと申すが、よく察してみよ。必ず病も治るぞ。それは病人《やみびと》の心が綺麗になるからぞ。

洗濯せよ掃除せよと申せば、臣民何も分からんから慌てているが、この筆読むことが洗濯や掃除の始めで終わりであるぞ。

神は無理は言わんぞ。神の道は無理してないぞ。よくこの筆読んでくれよ。読めば読むほど身魂磨かれるぞ。と申しても、仕事をよそにしてはならんぞ。臣民と申すものは馬鹿正直ざから、筆読めと申せば筆ばかり読んだならよいように思うているが、裏も表もあるのぞ。役員よく知らしてやれよ。

八月の二十二日《にち》
⊙之《の》日《ひ》津《つ》久《く》神《のかみ》のお告げ

第十四帖　（九四）

臣民に分かるように言うなれば、身も心も神のものざから、毎日毎日、神からいただいたものと思えばよいのであるぞ。それでその体をどんなにしたらよいかということ、分かるであろうが。夜《よ》になれば、眠ったときは神にお返ししているのざと思え。それでよく分かるであろうが。
身魂磨くと申すことは、神の入れものとして、神からお預りしている神の最も尊いとこととして、お扱いすることぞ。

八月二十三日《にち》

⊙之日津久神《のひつくのかみ》

第十五帖　（九五）

一二三《ひふみ》は神食《かみしょく》、三四五《みよいづ》は人食《ひとしょく》、五六七《みろく》は動物食《しょく》、七八九《なやこ》は草食《くさしょく》ぞ。九十《こと》は元に、一二三《ひふみ》食《しょく》、神国《かみぐに》弥栄ぞよ。人、三四五《みよいづ》食《しょく》に病ないぞ。

八月二十四日

⊙之日津久神文《のひつくのかみふみ》

第十六帖　（九六）

嵐の中の捨て小舟《おぶね》ぞ　どこへゆくやらゆかすやら
船頭さんにも分かるまい　メリカキリスは花道で
味方と思うた国々も　一つになりて攻めてくる
梶《かじ》も櫂《かい》さえ折れた舟　どうすることもなくなくに
苦しい時の神頼み　それでは神も手が出せぬ
腐りたものは腐らして　肥《こ》やしになりと思えども
肥やしにさえもならぬもの　たくさんできておろうがな
北から攻めてくる時が　この世の終わり始めなり
天《てん》にお日様一つでないぞ　二つ三つ四つ出てきたら
この世の終わりと思えかし　この世の終わりは神国《かみぐに》の
始めと思え臣民よ　神々様にも知らすぞよ
神はいつでも掛かれるぞ　人の用意を急ぐぞよ

八月二十四日《か》

⊙之日津久神《のひつくのかみ》

第十七帖　（九七）

九十《こと》が大切ぞと知らしてあろがな。戦ばかりでないぞ。何もかも臣民では見当取れんことになりてくるから、上《うえ》の臣民、九十に気つけてくれよ。お上《かみ》に神祭りてくれよ。神にまつろうてくれよ。神くどう申しておくぞ。早う祭らねば間に合わんのざぞ。神の国の山々には、皆神祭れ。川々に皆神祭れ。野にも祭れ。臣民の家々《いえいえ》にも落つる隈《くま》なく神祭れ。祭り祭りて弥勒《みろく》の世となるのぞ。臣民の身も神の宮となりて神祭れ。祭りの仕方知らしてあろ。神は急《せ》けるぞ。

八月二十五日《にち》

⊙之日津久神《のひつくのかみ》

第十八帖（九八）

神々様皆お揃《そろ》いなされて、雨の神、風の神、地震の神、岩の神、荒《あ》れの神、五柱《いつはしら》、七柱《ななはしら》、八柱《はちはしら》、十柱《とはしら》の神々様がちゃんとお心合わしなされて、今度の仕組の御《おん》役決まりて、それぞれに働きなされることになりた佳き日ぞ。辛酉《かのととり》は佳き日と知らしてあろがな。

これから一日一日《いちにちいちにち》激しくなるぞ。臣民心得ておいてくれよ。物持たぬ人、物持てる人より強くなるぞ。泥棒が多くなれば、泥棒が正しいということになるぞ。理屈は悪魔と知らしてあろが。

保食《うけもち》の神様ひどくお怒りぞ。臣民の食い物足りるように作らしてあるに、足らぬと申しているが、足らぬことないぞ。足らぬのは、やり方悪いのざぞ。食いて生くべきもので人殺すとは何事ぞ。

それぞれの神様にまつわれば、それぞれのこと、何でも叶うのぞ。神にまつわらずに、臣民の学や知恵が何になるのか。底知れているでないか。戦には戦の神あるぞ。
お水に泣くことあるぞ。保食《うけもち》の神様、御怒《おんいか》りなされているから、早う心入れ換えてよ。この神様お怒りになれば、臣民、日干しになるぞ。
八月の辛酉の日《ひ》
日津久神諭《ひつくのかみさと》すぞ

第十九帖　（九九）

神世の秘密と知らしてあるが、いよいよとなりたら地震、雷ばかりでないぞ。臣民アフンとして、これはなんとしたことぞと、口開《あ》いたままどうすることもできんことになるのぞ。

四つん這《ば》いになりて着る物もなく獣《けもの》となりて這い回る人と、空飛ぶような人と、二つにはっきり分かりてくるぞ。獣《けもの》は獣《けもの》の性来《しょうらい》いよいよ出すのぞ。

火と水の災難がどんなに恐ろしいか、今度は大なり小なり知らさなならんことになりたぞ。一時《いちじ》は天《てん》も地《ち》も一つに交《ま》ぜ交《ま》ぜにするのざから、人一人も生きてはおられんのざぞ。それが済んでから、身魂磨けた臣民ばかり神が拾い上げて、弥勒《みろく》の世の臣民とするのぞ。どこへ逃げても逃げ所ないと申してあろがな。高いとこから水流れるように時に従いておれよ。いざというときには神が知らして、一時《いちじ》は天界へ釣り上げる臣民もあるのざぞ。人間の戦や獣《けもの》の喧嘩くらいでは何もできんぞ。くどう気つけておくぞ。何よりも改心が第一ぞ。

八月の二十六日《にち》

☉之日津久神《のひつくのかみ》

第二十帖　（一〇〇）

今のうちに草木の根や葉を日に干して蓄えておけよ。保食《うけもち》の神様、御《おん》怒りざから、今年は五分《ごぶ》くらいしか食べ物採れんから、そのつもりで用意しておいてくれよ。神は気《け》もない時から知らしておくから、この筆よく読んでおれよ。一握りの米に泣くことあると知らしてあろがな。米ばかりでないぞ。何もかも、臣民もなくなるところまでゆかねばならんのぞ。臣民ばかりでないぞ。神々様さえ今度はなくなる方《かた》あるぞ。

臣民というものは、目の先ばかりより見えんから呑気《のんき》なものであるが、いざとなりての改心は間に合わんから、くどう気つけてあるのぞ。日本ばかりでないぞ。世界中はおろか、三千世界《さんぜんせかい》の大洗濯《おおせんたく》と申してあろがな。神に縋《すが》りて、神の申すとおりにするよりほかには道ないぞ。それで神々様を祭りて、上《うえ》の御方《おんかた》からも下々《しもじも》からも、朝に夕に言霊《ことだま》がこの国に満つ世になりたら、神の力現すのぞ。

江戸にまず神祭れとくどう申してあること、よく分かるであろがな。

八月の二十七日《にち》

⊙之日津久神《のひつくのかみ》

第二十一帖　（一〇一）

神の申すこと何でも素直に聞くようになれば、神は何でも知らしてやるのぞ。配給のことでも統制のことも、わけなくできるのぞ。臣民、皆喜ぶようにできるのぞ。

何もかも神に供えてからと申してあろがな。山にも川にも野にも里にも家《いえ》にも、それぞれに神祭れと申してあろがな。ここの道理よく分からんか。神は知らしてやりたいなれど、今では猫に小判ぞ。臣民、神に縋《すが》れば、神にまつわれば、その日から良くなると申してあろが。何も難しいことでないぞ。神は無理言わんぞ。この筆読めば分かるようにしてあるのざから、役員早う知らして、縁《えん》ある臣民から知らしてくれよ。

印刷できんと申せば何もしないでおるが、印刷せんでも知らすことできるぞ。よく考えてみよ。今の臣民、学に捉《とら》えられていると、まだまだ苦しいことできるぞ。理屈ではますます分からんようになるぞ。

早う神祭れよ。上《うえ》も下《した》も、上下《うえした》揃《そろ》えて祭りてくれよ。天子様を拝《おが》めよ。天子様にまつわれよ。その心が大和魂《やまとだましい》ぞ。益人《ますひと》の益心《ますごころ》ぞ。益《ます》とは弥栄《いやさか》のことぞ。神の御《おん》心ぞ。臣民の御《おん》心も神の御《おん》心と同じことになってくるぞ。

世界中、一度に唸《うな》る時が近づいてきたぞよ。

八月の二十八日《にち》

☉之日津久神筆《のひつくのかみふで》

第二十二帖　（一〇二）

祭り祭りとくどう申して知らしてあるが、まつり合わしさえすれば何もかも嬉し嬉しと栄える仕組ぞ。悪も善もないのぞ。まつれば悪も善ぞ。まつらねば善もないのぞ。この道理分かりたか。

祭りと申して神ばかり拝《おが》んでいるようでは何も分からんぞ。そんな我《われ》よしでは神の臣民とは申せんぞ。早うまつりてくれと申すこと、よく聞き分けてくれよ。
我《われ》が我《われ》がと思うているのは、まつりていぬ証拠ぞ。鼻高となればポキンと折れると申してある道理、よく分かろがな。この御道《おん》は鼻高と取り違いが一番邪魔になるのぞと申すのは、慢心と取り違いはまつりの邪魔になるからぞ。ここまで分けて申さばよく分かるであろ。何事もまつりが第一ぞ。
八月の二十九日《にち》
⊙之日津久神《のひつくのかみ》

第二十三帖　（一〇三）

世界は一つになったぞ。一つになって神の国に攻め寄せてくると申してあることが出てきたぞ。臣民にはまだ分かるまいなれど、今に分かりてくるぞ。くどう気つけておいたことのいよいよが来たぞ。覚悟はよいか。

臣民一人一人の心も同じになりておろがな。学と神の力との大戦いぞ。神国《かみぐに》の神の力現す時が近うなりたぞ。今現すと助かる臣民ほとんどないから、神は待てるだけ待ちているのぞ。

臣民もかあいいが、元を潰《つぶ》すことならんから、いよいよとなりたら、どんなことありてもここまで知らしてあるのざから、神に手落ちあるまいがな。いよいよとなれば、分かっていることなればなぜ知らさぬのぞと申すが、今では何馬鹿なと申して取り上げぬことよく分かっているぞ。

因縁の身魂にはよく分かるぞ。この筆読めば身魂の因縁よく分かるのぞ。神の御用する身魂は、神が選《よ》り抜いて引っ張りておるぞ。遅し早しはあるなれど、いずれはどうしても、逃げても嫌でも御用さすようになりておるのぞ。

北に気つけよ。東も西も南もどうするつもりか。神だけの力では臣民に気の毒できるのぞ。神と人との和の働きこそ神喜ぶのぞ。早う身魂磨けと申すことも、悪い心洗濯せよと申すことも分かるであろ。

八月の三十日《にち》

第二十四帖　（一〇四）

富士を目指して攻め寄する　大船《おおぶね》小船《こぶね》天《あめ》の船
赤鬼青鬼黒鬼《くろおに》や　大蛇《おろち》悪狐《あくこ》を先陣に
寄せくる敵《てき》は空覆《おお》い　海を埋《うず》めてたちまちに
天日《てんじつ》暗くなりにけり　折《おり》しもあれや日の国に
一つの光現れぬ　これこそ救いの大神と
救い求むる人々の　目に映れるは何事ぞ
攻めくる敵《てき》の大将の　大き光と呼応して
一度にどっと雨降《ふ》らす　火の雨なんぞたまるべき
まことの神はなきものか　これはたまらぬ兎《と》も角《かく》も
命《いのち》あっての物種《ものだね》と　兜《かぶと》を脱がんとするものの

⦿之《の》日《ひ》津《つ》久《く》神《のかみ》

次から次に現れぬ　折《おり》しもあれや時ならぬ
大風起こり雨来たり　大海原《おおうなばら》には竜巻や
やがて火の雨地震《あめつちふる》い　山は火を吹きどよめきて
さしもの敵《てき》もことごとく　この世の外《ほか》にと失《う》せにけり
風やみ雨も収まりて　山川静まり国土《くにつち》の
所々に白衣《しろきぬ》の　神の息吹《いぶき》に甦る
御《み》民の顔の白き色　岩戸開《ひら》けぬしみじみと
大空仰ぎ神を拝《おが》み　地《ち》に跪《ひざまず》き御民等《みたみら》の
目に清々《すがすが》し富士の山　富士は晴れたり日本晴れ
富士は晴れたり岩戸開《あ》けたり

八月の三十日《にち》

☉之日津久神《のひつくのかみ》

第二十五帖　（一〇五）

世界中の臣民は皆この方《ほう》の臣民であるから、殊にかあいい子には旅させねばならぬから、どんなことあっても神の子ざから、神疑わぬようになされよ。神疑うと気の毒できるぞ。いよいよとなりたら、どこの国の臣民ということないぞ。大神様の掟《おきて》どおりにせねばならんから、かあいい子ぢゃとて容赦《ようしゃ》できんから、気つけているのざぞ。

大難《たいなん》を小難《しょうなん》にまつり変えたいと思えども、今のやり方はまるで逆さまざから、どうにもならんから、いつ気の毒できても知らんぞよ。

外国から早く分かりて、外国にこの方《ほう》祭ると申す臣民たくさんできるようになりてくるぞ。それでは神の国の臣民、申し訳ないであろうがな。

山にも川にも海にも祭れと申してあるのは、神の国の山川ばかりではないぞ。この方《ほう》、世界の神ぞと申してあろうがな。

裸になりた人から、その時から善の方《ほう》に回してやると申してあるが、裸にならねばなるようにしてみせるぞ。いよいよとなりたら苦しいから、今の内ざと申してあるのぞ。すべてを天子様に捧げよと申すこと、日本の臣民ばかりでないぞ。世界中の臣民、皆、天子様に捧げならんのざぞ。

八月の三十日《にち》

⦿之日津久神《のひつくのかみ》

第二十六帖　（一〇六）

戦は一度収まるように見えるが、その時が一番気つけねばならぬ時ぞ。向こうの悪神《あくがみ》は、今度は⦿の元の神を根こそぎになきものにしてしまう計画であるから、そのつもりで褌《ふんどし》締めてくれよ。誰も知れんように悪の仕組していること、神にはよく分かりているから心配ないなれど、臣民助けたいから神はじっと堪《こら》えに堪《こら》えているのざぞ。

八月の三十日《にち》

第二十七帖　（一〇七）

神の堪忍袋《かんにんぶくろ》切れるぞよ。臣民の思うようにやれるなら、やりてみよれ。九分《くぶ》九厘《くりん》でグレンと引っ繰り返ると申してあるが、これからはその場で引っ繰り返るようになるぞ。

誰もよう行かん、臣民の知れん所で何しているのぞ。神には何もかも分かりているのざと申してあろがな。

早く兜《かぶと》脱いで神にまつわりてこいよ。改心すれば助けてやるぞ。鬼の目にも涙ぞ。まして神の目にはどんな涙もあるのざぞ。どんな悪人も助けてやるぞ。どんな善人も助けてやるぞ。

江戸と申すのは、東京ばかりではないぞ。今のような都会、皆穢土《えど》であるぞ。穢土《えど》はどうしても火の海ぞ。それよりほかやり方ないと神々様申しておられる

⊙之日津久神《のひつくのかみ》

ぞよ。

秋更《ふ》けて草木枯れても根は残るなれど、臣民枯れて根の残らぬようなことになりても知らんぞよ。

神のこの文《ふみ》、早う知らしてやってくれよ。

八と十八と五月と九月と十月に気つけてくれよ。

これで、この方《ほう》の筆の終わりぞ。この筆は、富士の巻として一つにまとめておいてくだされよ。今に宝となるのざぞ。

八月の三十日《にち》
⊙之日津久神《のひつくのかみ》

第四巻　天《あま》つ巻　全三十帖

自　昭和十九年八月三十一日
至　昭和十九年九月　十四日

第一帖　（一〇八）

富士は晴れたり、日本晴れ。富士に御社《みやしろ》してこの世治めるぞ。五大州《ごだいしゅう》、引っ繰り返りているのが、神には何より気に入らんぞ。一の大神様祭れ。二《に》の大神様祭れよ。三の大神様祭れよ。天《てん》の御三体《ごさんたい》の大神様、地《ち》の御三体《ごさんたい》の大神様祭れよ。天《てん》から神々様御降《おんくだ》りなされるぞ。地《ち》から御神《おんかみ》々様お昇りなされるぞ。天《てん》の御神《おんかみ》、地《つち》の御神《おんかみ》、手を取りて嬉し嬉しの御歌《おんうた》、歌われるぞ。

⊙の国は神の国、神の肉体ぞ。穢《けが》してはならんとこぞ。

八月の三十一日《にち》

日津久神《ひつくのかみ》

第二帖　（一〇九）

これまでの改造は膏薬《こうやく》貼りざから、すぐ元に返るのぞ。今度は今までにない、文《ふみ》にも口にも伝えてない改造ざから、臣民界のみでなく神界もひっくるめて改造するのざから、この方《ほう》らでないと、そこらにござる守護神様には分からんのぞ。九分九厘《くぶくりん》まではできるなれど、ここというところでおじゃんになるであろうがな。富《とみ》や金《きん》を返したばかりでは、今度は役に立たんぞ。戦ばかりでないぞ。天災ばかりでないぞ。上《うえ》も潰《つぶ》れるぞ。下《しも》も潰れるぞ。潰す役は誰でもできるが、造り固めのいよいよのことは、神々様にも分かりてはおらんのざぞ。

星の国、星の臣民、今はえらい気張りようで、世界構うように申しているが、星では駄目だぞ。神の御《おん》力でないと何もできはせんぞ。

八月三十一日《にち》

日津久神《ひつくのかみ》

第三帖　（一一〇）

一日の日《ひ》の間《ま》にも天地《てんち》引っ繰り返ると申してあろがな。びっくり箱が近づいたぞ。

九十《こと》に気つけと、くどう申してあろがな。神の申すこと、一分《いちぶ》一厘《いちりん》違わんぞ。違うことならこんなにくどうは申さんぞ。

同じことばかり繰り返すと臣民申しているが、この方《ほう》の申すこと皆違っていることばかりぞ。同じこと申していると思うのは、身魂《みたま》曇りている証拠ぞ。改心第一ぞ。

八月三十一日《にち》

日津久神《ひつくのかみ》

第四帖　（一一一）

この方《ほう》は、元の肉体のままに生き通しであるから、天明《てんめい》にも見せなんだのざぞ。

あちこちに臣民の肉体借りて予言する神がたくさん出てくるなれど、九分九厘《くぶくりん》は分かりておれども止《とど》めの最後は分からんから、この方《ほう》に従いて御用せよと申しているのぞ。砂糖にたかる蟻《あり》となるなよ。

百人千人の改心なればどんなにでもできるなれど、今度は世界中、神々様も畜生も悪魔も餓鬼《がき》も外道《げどう》も三千世界の大洗濯《おおせんたく》ざから、そんなちょろこいことではないのざぞ。ぶち壊しできても立て直し分かるまいがな。

火と水で岩戸開《ひら》くぞ。

知恵や学でやるとグレンと引っ繰り返ると申しておいたが、そう言えば知恵や学は要らんと臣民、早合点《はやがてん》するが、知恵や学も要るのざぞ。悪も御役《おんやく》であるぞ。この道理、よく腹に入れてくだされよ。

天《てん》の神様、地《ち》に御降《おんお》りなされて、今度の大層な岩戸開《びら》きの指図《さしず》なされるのざぞ。国々の神々様、産土《うぶすな》様、力ある神々様にも御《ご》苦労になっているのざぞ。天《てん》照皇大神宮《しょうこうたいじんぐう》様はじめ神々様、篤《あつ》く祭りてくれと申して聞かしてあろがな。神も仏《ほとけ》もキリストも、元は一つぞよ。

八月三十一日《にち》

日津久神《ひつくのかみ》

第五帖　（一一二）

牛の食べ物食べると牛のようになるぞ。猿は猿、虎は虎となるのざぞ。臣民の食べ物は決まっているのざぞ。いよいよとなりて何でも食べねばならぬようになりたら、虎は虎となるぞ。獣《けもの》と神とが分かれると申してあろがな。縁《えん》ある臣民に知らせておけよ。日本中に知らせておけよ。世界の臣民に知らせてやれよ。

獣《けもの》の食い物食う時には、一度神に捧げてからにせよ。神からいただけよ。そうすれば神の食べ物となって、何食べても大丈夫になるのぞ。何もかも神に捧げてからと申してあることの道理、よく分かりたであろがな。神に捧げきらぬと獣《けもの》になるのぞ。神がするのではないぞ、自分がなるのぞと申してあることも、よく分かったであろがな。

くどう申すぞ。八から九から十から百から千から万《まん》から何が出るか分からんから、神に捧げな生きていけんようになるのざが、悪魔に魅入《みい》られている人間、いよいよ気の毒できるのざぞ。

八月の三十一日《にち》

日津久神《ひつくのかみ》

第六帖　（一一三）

天《あめ》は天《あめ》の神、地《くに》は地《くに》の神がしらすのであるぞ。お手伝いはあるなれど。

秋の空の清々《すがすが》しさが、グレンと変わるぞ。

地獄に住むもの、地獄がよいのぞ。天国ざぞ。

逆さまはもう長うは続かんぞ。無理通らぬ時世《ときよ》が来たぞ。いざとなりたら残らずの生き神様、御《おん》総出ざぞ。

九月の一日《にち》

日津久神《ひつくのかみ》

第七帖（一一四）

富士は晴れたり日本晴れ
二本のお足であんよせよ　二本のお手々で働けよ
日本の神の御《おん》仕組　いつも二本となりてるぞ
一本足の案山子《かかし》さん　今更《いまさら》どうにもなるまいが
一本の手の臣民よ　それでは生きてはゆけまいが

一本足では立てないと　いうこと最早《もはや》分かったら
神が与えた二本足　日本のお土に立ちてみよ
二本のお手々打ち打ちて　神拝《おろが》めよ天地《あめつち》に
響くまことの拍手《かしわで》に　日本の国は晴れるぞよ
富士は晴れたり日本晴れ　富士は晴れたり岩戸開《あ》けたり

九月一日《にち》

日津久神《ひつくのかみ》

第八帖　（一一五）

嵐の中の捨て小舟《おぶね》と申してあるが、今そのとおりとなりておろがな。どうすることもできまいがな。船頭殿《せんどう》、苦しい時の神頼みでもよいぞ。神祭りてくれよ。神にまつわりてくれよ。神はそれを待っているのざぞ。それでもせぬよりはましぞ。そこに光現れるぞ。光現れると道ははっきりと分かりてくるのぞ。この方《ほう》に騙されたと思うて、言うとおりにしてみなされ。自分でもびっくりするように結構ができてるのにびっくりするぞ。富士の御《おん》山に腰掛けて、この方《ほう》、世界中守るぞ。辛酉《かのととり》、結構な日と申してあるが、結構な日は怖い日であるぞ。天《てん》から人が降《ふ》る、人が天《てん》に昇ること。昇り降《くだ》りで忙しくなるぞ。天子様お移り願う時、近づいてきたぞよ。奥山に紅葉《もみじ》あるうちにと思えども、いつまでも紅葉《もみじ》ないぞ。

九月の二日《か》

日津久神《ひつくのかみ》

第九帖　（一一六）

一二三《ひふみ》の秘密、出《い》でひらき鳴る。早く道展《ひら》き成る。世ことごとにひらき、世なる大道で、神ひらき、世に神々満ちひらく。この鳴り成る神、一二三出《い》づ大道。人神出《い》づはじめ。

九月二日

日《ひ》津《つ》久神《くのかみ》

第十帖　（一一七）

一二三《ひふみ》の裏に〇一二《ひふ》、三四五《みよいづ》の裏に二三四《ふみよ》、五六七《みろく》の裏に四五六《よいむ》の御用あるぞ。五六七《みろく》済んだら七八九《なやこ》ぞ。七八九《なやこ》の裏には六七八《むなや》あるぞ。八九十《やこと》の御用もあるぞ。

だんだんに知らすから、これまでの筆よく心に入れて、じっとしておいてくれよ。

九月の三日《か》

日《ひ》津《つ》久神《くのかみ》

第十一帖　（一一八）

この筆、言葉として読みてくだされよ。神々様にも聞かせてくれよ。守護神殿にも聞かしてくれよ。守護神殿の改心まだまだであるぞ。一日《ひとひ》が一年になり、十年になり百年になると、目が回りて心底《しんそこ》からの改心でないとお役に立たんことになりてくるぞ。

九月四日《か》

日津久神《ひつくのかみ》

第十二帖　（一一九）

遠くて近きは男女《なんにょ》だけではないぞ。神と人、天《てん》と地《ち》、親と子、食べる物も遠くて近いが良いのざぞ。

神粗末にすれば神に泣くぞ。土尊べば土が救ってくれるのぞ。尊ぶこと、今の臣民忘れているぞ。神ばかり尊んでも何もならんぞ。何もかも尊べば、何もかも味方ぞ。敵《てき》尊べば、敵《てき》が敵《てき》でなくなるのぞ。この道理分かりたか。臣民には神と同じ分け身魂授けてあるのざから、磨けば神になるのぞ。

筆は謄写《とうしゃ》よいぞ。初めは五十八、次は三四三ぞ。よいな。

九月の五日《か》

日津久神《ひつくのかみ》

第十三帖　（一二〇）

空に変わりたこと現れたなれば、地《ち》に変わりたことがあると心得よ。いよいよとなりてきているのざぞ。

神は元の大神様に延ばせるだけ延ばしていただき、一人でも臣民助けたいのでお願いしているのざが、もうお断り申す術《すべ》なくなりたぞ。

玉串《たまぐし》神に供えるのは、衣《ころも》供えることぞ。衣とは神の衣のことぞ。神の衣とは人の肉体のことぞ。臣民を捧げることぞ。自分を捧げることぞ。この道理分かりたか。

人に仕えるときも同じことぞ。人を神として仕えねばならんぞ。神として仕えると神となるのざから、もてなしの物出すときは、祓《はら》い清めて神に仕えると同様にしてくれよ。

食べ物、今の半分で足りると申してあるが、神に捧げたものか、祓《はら》い清めて神に捧げると同様にすれば、半分で足りるのぞ。

天《てん》の異変、気つけておれよ。神くどう気つけておくぞ。神世近づいたぞ。

九月六日《か》

日津久神《ひつくのかみ》

第十四帖　（一二一）

海一つ越えて寒い国に、まことの宝隠してあるのざぞ。これからいよいよとなりたら、神が許してまことの臣民に手柄いたさすぞ。外国人がいくら逆立ちしても、神が隠しているのざから手は着けられんぞ。世の元からのことであれど、いよいよが近くなりたから、この方《ほう》の力で出してみせるぞ。びっくり箱が開《ひら》けてくるぞ。

九月の七日

日津久神《ひつくのかみ》

第十五帖　（一二二）

神の国には、神の国のやり方あるぞ。支那《しな》には支那、オロシヤにはオロシヤ、それぞれにやり方が違うのざぞ。教えもそれぞれに違っているのざぞ。元は一つであるなれど。神の教えが一等良いと申しても、そのままでは外国には通らんぞ。このことよく心に畳んでおいて、上《うえ》に立つ役員殿、気つけてくれよ。猫に小判、何もならんぞ。神の一度申したことは、一分《いちぶ》も違わんぞ。

九月七日《か》　　日津久神《ひつくのかみ》

第十六帖　（一二三）

今度の戦済みたら、天子様が世界中しろしめして、外国には王はなくなるのざぞ。

一旦戦い収まりても、あとのゴタゴタなかなかに鎮まらんぞ。神の臣民、褌《ふんどし》締めて、神の申すことよく腹に入れておいてくれよ。ゴタゴタ起こりた時、どうしたらよいかということも、この筆よく読んでおけば分かるようにしてあるのざぞ。

神は天《てん》からと中《ちゅう》からと地《ち》からと力合わして、神の臣民に手柄立てさすようにしてあるのざが、今では手柄立てさす、神の御用に使う臣民、一分《いちぶ》もないのざぞ。

神の国が勝つばかりではないのざぞ。世界中の人も草も動物も助けて、皆喜ぶようにせなならんのざから、臣民では見当取れん常《とことわ》に続く神世にいたすのざから、素直に神の申すこと聞くが一等ざぞ。

人間の知恵でやれるなら、やってみよれ。あちらへ外れ、こちらへ外れて、ぬらりくらりと鰻摑《うなぎつか》みぞ。思うようにはなるまいがな。

神の国が元の国ざから、神の国から改めるのざから、一番辛《つら》いことになるのだぞ。覚悟はよいか。

腹さえ切れぬようなフナフナ腰で、大番頭《おおばんとう》とは何ということぞ。天子様は申すも畏《かしこ》し、人民様、犬猫にも済むまいぞ。人の力ばかりで戦しているのでないことくらい分《か》かっておろがな。目に見せてあろがな。これでも分からんか。

九月七日

日津久神《ひつくのかみ》

第十七帖　（一二四）

昔から生き通しの生き神様のすることぞ。泥の海にするくらい朝飯前のことざが、それでは臣民がかあいそうなから、天《てん》の大神様にこの方《ほう》が詫《わ》びして、一日一日《ひとひひとひ》と延ばしているのざぞ。その苦労も分からずに臣民勝手なことばかりしていると、神の堪忍袋《かんにんぶくろ》切れたらどんなことあるか分からんぞ。米があると申して油断するでないぞ。一旦は天地《てんち》へ引き上げぞ。

九月七日《か》

日津久神《ひつくのかみ》

第十八帖　（一二五）

いつも気つけてあることざが、神が人を使うているのざぞ。

今度の戦で外国人にもよく分かって、神様には敵《かな》わん、どうか言うこと聞くから、夜《よる》も昼もなく神に仕えるから許してくれと申すようになるのざぞ。それには神の臣民の身魂、掃除せなならんのざぞ。くどいようなれど、一時《いちじ》も早く、一人でも多く改心してくだされよ。神は急ぐのざぞ。

九月の七日《か》

日津久神《ひつくのかみ》

第十九帖　（一二六）

神の力がどんなにあるか、今度は一度は世界の臣民に見せてやらねば収まらんのざぞ。世界揺すぶりて知らせねばならんようになるなれど、少しでも弱く揺すりて済むようにしたいから、くどう気つけているのざぞ。ここまで世が迫りてきているのぞ。まだ目覚めぬか。神はどうなっても知らんぞ。早く気づかぬと気の毒できるぞ。その時になりては間に合わんぞ。

九月七日《か》

日津久神《ひつくのかみ》

第二十帖　（一一七）

神の世と申すのは、今の臣民の思うているような世ではないぞ。金《きん》は要らぬのざぞ。お土から上がりたものが光りてくるのざぞ。衣類、食べ物、家倉《いえくら》まで変わるのざぞ。草木も喜ぶ政治と申してあろがな。誰でもそれぞれに先の分かるようになるのぞ。お日様もお月様も、海も山も野も光り輝いて、水晶のようになるのぞ。悪はどこにも隠れることできんようになるのぞ。博打《ばくち》、娼妓《しょうぎ》はなくいたすぞ。雨も要るだけ降《ふ》らしてやるぞ。風も良きように吹かしてやるぞ。神を称える声が天地《てんち》に満ち満ちて、嬉し嬉しの世となるのざぞ。

九月の七日《か》

日津久神筆《ひつくのかみふで》

第二十一帖　（一二八）

弥勒《みろく》出《い》づるには、はじめ半《なか》ばは焼くぞ。人、二分は死、皆《みな》人、神の宮となる。西に戦し尽くし、神世とひらき、国ごとに一二三《ひふみ》、三四五《みよいづ》足りて百千万《ももちよろず》。神急ぐぞよ。

九月七日《か》

日津久神文《ひつくのかみふみ》ぞ

第二十二帖　（一二九）

十柱《とはしら》の、世の元からの生き神様、御《ご》活動になりていること分かったであろがな。獣《けもの》の入れものには分かるまいなれど、神の臣民にはよく分かりているはずぞ。

まだ、だんだんに激しくなりて、外国の臣民にも分かるようになりてくるのざぞ。その時になりて分かりたのでは、遅い遅い。早う洗濯いたしてくれよ。

九月の八日《か》

日津久神《ひつくのかみ》

第二十三帖　（一三〇）

我《が》がなくてはならん。我《が》があってはならず。よくこの筆読めと申すのぞ。悪はあるが、ないのざぞ。善はあるのざが、ないのざぞ。この道理分かりたら、それが善人だぞ。千人力《せんにんりき》の人が善人であるぞ。お人好しではならんぞ。それは善人ではないのざぞ。神の臣民ではないぞ。

雨の神殿、風の神殿に篤《とく》、御《おん》礼申せよ。

九月の九日《か》

日津久神《ひつくのかみ》

第二十四帖　（一三一）

今の臣民、盲《めくら》、聾《つんぼ》ばかりと申してあるが、そのとおりでないか。この世はおろか、自分の体のことさえ分かりてはおらんのざぞ。それでこの世を持ちてゆくつもりか。分からんと申してもあまりでないか。

神の申すこと違ったではないかと申す臣民も、今に出てくるぞ。神は、大難《だいなん》を小難《しょうなん》にまつり変えているのに分からんか。えらい惨《むご》いことできるのを、小難にしてあること分からんか。酷《ひど》いこと出てくること待ちているのは、邪《じゃ》の身魂ぞ。そんなことでは神の臣民とは申されんぞ。臣民は神に、悪いことは小さくしてくれと毎日お願いするのが務めぞ。

臣民、近欲《ちかよく》なから分からんのぞ。欲もなくてはならんのざぞ。取り違いと鼻高とが一番怖いのぞ。

神は生まれ赤子の心を喜ぶぞ。磨けば赤子となるのぞ。いよいよが来たぞ。

九月十日《か》

日津久神《ひつくのかみ》

第二十五帖　（一三二）

今に臣民、何も言えなくなるのざぞ。神激しくなるのざぞ。目開《あ》けてはおれんことになるのざぞ。四つん這《ば》いになりて、這い回らなならんことになるのざぞ。のたうち回らなならんのざぞ。土に潜《もぐ》らなならんのざぞ。水くぐらなならんのざぞ。

臣民かあいそうなれど、こうせねば鍛えられんのざぞ。この世始まってから二度とない苦労ざが、我慢《がまん》してやり通してくれよ。

九月十日《か》

第二十六帖　（一三二）

天之日津久神《あめのひつくのかみ》と申しても、一柱《ひとはしら》ではないのざぞ。臣民のお役所のようなものと心得よ。一柱でもあるのざぞ。

この方《ほう》は、意富加牟豆美神《おほかむづみのかみ》とも現れるのざぞ。時により所によりては、意富《おほ》加牟豆美神《かむづみのかみ》として祭りてくれよ。青人草《あおひとくさ》の憂《う》き瀬、治してやるぞ。

天明《てんめい》は筆書かす御役《おんやく》であるぞ。

九月十一日《にち》

日津久神《ひつくのかみ》

第二十七帖　（一三四）

石、もの言う時来るぞ。草、もの言う時来るぞ。北拝《おが》めよ。北光るぞ。北よくなるぞ。夕方よくなるぞ。暑さ寒さ、皆柔らかくなるぞ。五六七《みろく》の世となるぞ。慌てずに急《いそ》いでくれよ。神々様、皆の産土《うぶすな》様、総活動でござるぞ。神々様祭りてくれよ。人々《ひとびと》様祭りてくれよ。御《おん》礼申してくれよ。

九月十二日《にち》

日津久神《ひつくのかみ》

第二十八帖　（一三五）

遅し早しはあるなれど、一度申したこと必ず出てくるのざぞ。臣民は近欲《ちかよく》で疑い深いから、何も分からんから疑う者もあるなれど、この筆、一分《いちぶ》一厘《いちりん》違わんのざぞ。

世界均《なら》すのざぞ。神の世にするのざぞ。善一筋《ひとすじ》にするのざぞ。誰彼の分け隔てないのざぞ。

土から草木生まれるぞ。草木から動物、虫けら生まれるぞ。

上下《うえした》引っ繰り返るのざぞ。

九月の十三日《ち》

日津久神《ひつくのかみ》

第二十九帖　(一三六)

この方《ほう》、意富加牟豆美神《おほかむづみのかみ》として書き知らすぞ。病あるか、なきかは、手回してみればすぐ分かるぞ。自分の体中どこでも手届くのざぞ。手届かぬ所ありたら、病の所すぐ分かるであろが。臣民の肉体の病ばかりでないぞ。心の病も同様ぞ。心と体と一つであるから、よく心得ておけよ。

国の病も同様ぞ。頭は届いても、手届かぬと病になるのぞ。手はどこへでも届くようになりていると申してあろが。今の国々の御姿《みすがた》見よ。御手《みて》届いているまいがな。手なし足なしぞ。手は手の思うように、足は足ぞ。これでは病治らんぞ。

臣民と病は、足、地《ち》に着《つ》いておらぬからぞ。足、地《ち》に着けよ。草木は元より、犬猫も皆お土に足着けておろがな。三尺上《うえ》は神界ぞ。お土に足入れよ。青人草《あおひとくさ》と申してあろがな。草の心に生きねばならぬのざぞ。尻に帆掛けて飛ぶようでは神の御用務まらんぞ。お土踏まして いただけよ。

足を綺麗に掃除しておけよ。足汚《よご》れていると病になるぞ。足からお土の息が入るのざぞ。臍《へそ》の緒のようなものざぞよ。一人前になりたら臍の緒切りて、社《やしろ》に座りておりて、三尺上《うえ》で神に仕えてよいのざぞ。臍の緒切れぬうちは、いつもお土の上《うえ》を踏まして いただけよ。

それほど大切なお土の上《うえ》固めているが、今に皆除きてしまうぞ。一度は否《いや》でも応でも裸足でお土踏まなならんことになるのぞ。神の深い仕組ざから、ありがたい仕組ざから、喜んでお土拝《おが》めよ。土にまつろえと申してあろがな。何事も一時《いちじ》に出てくるぞ。お土ほど結構なものないぞ。足の裏、殊に綺麗にせなならんぞ。

神の申すよう素直にいたされよ。この方《ほう》、病治してやるぞ。この筆読めば、病治るようになっているのざぞ。読んで神の申すとおりにいたしてくだされよ。臣民も動物も草木も、病なくなれば、世界一度に光るのぞ。岩戸開《ひら》けるのぞ。戦も病の一つであるぞ。

国の足の裏掃除すれば、国の病治るのぞ。国、逆立ちしてると申してあること忘れずに掃除してくれよ。上《うえ》の守護神殿、下《しも》の守護神殿、中の守護神殿、皆の守護神殿、改心してくれよ。

いよいよとなりては苦しくて間に合わんことになるから、くどう気つけておくのざぞ。病ほど苦しいものないであろがな。

それぞれの御《おん》役忘れるでないぞ。天地《てんち》唸《うな》るぞ。でんぐり返るのざぞ。世界一度に揺するのざぞ。神は脅《おど》すのではないぞ。迫りておるぞ。

九月十三日《にち》　日津久神《ひつくのかみ》

第三十帖　（一三七）

富士とは火の仕組ぞ。渦海《うずうみ》とは水の仕組ぞ。今に分かりてくるのざぞ。神の国には、政治も経済も軍事もないのざぞ。祭りがあるだけぞ。まつろうことによって何もかも嬉し嬉しになるのざぞ。これは政治ぞ、これは経済ぞと申しているから、鰻摑《うなぎつか》みになるのぞ。分ければ分けるほど分からなくなって、手に負えぬことになるのぞ。

手足はたくさんは要らぬのざぞ。左の臣《おみ》と右《みぎり》の臣《おみ》とあればよいのざぞ。ヤとワと申してあろがな。その下《した》に七七ゝゝゝゝと申してあろがな。

今の臣民、自分で自分の首括《くく》るようにしているのぞ。手は頭の一部ぞ。手の頭ぞ。頭、手の一部でないぞ。この道理よく心得ておけよ。

筆は印刷することならんぞ。この筆解いて、臣民の文字で臣民に読めるようにしたものは、一二三《ひふみ》と申せよ。一二三は印刷してよいのざぞ。印刷、結構ぞ。この筆のまま臣民に見せてはならんぞ。

役員よくこの筆見て、その時により、その国によりて、それぞれに説いて聞かせよ。日本ばかりでないぞ。国々所々に仕組して神柱《かみばしら》作りてあるから、今にびっくりすることできるのざぞ。世界の臣民に皆喜ばれる時来るのざぞ。五六七《みろく》の世、近づいてきたぞ。

富士は晴れたり、日本晴れ。富士は晴れたり、日本晴れ。

善一筋《ひとすじ》とは、神一筋のことぞ。

この巻を、天《あま》つ巻と申す。すっかり写してくれよ。すっかり伝えてくれよ。

九月十四日《か》
日津久神《ひつくのかみ》

第五巻　地《くに》つ巻　全三十六帖

自　昭和十九年九月十五日
至　昭和十九年十月十一日

第一帖　（一三八）

地《くに》つ巻、書き知らすぞ。
世界は一つのみこととなるのぞ。それぞれの言《こと》の葉はあれど、みことは一つとなるのであるぞ。天子様のみことに従うのざぞ。みことの世近づいてきたぞ。
九月十五日《にち》
日《ひ》津《つ》久《く》神《のかみ》

第二帖　（一三九）

今は闇《やみ》の世であるから夜《よ》の明けたこと申しても誰にも分からんなれど、夜《よ》が明けたらなるほどそうでありたかとびっくりするなれど、それでは間に合わんのざぞ。それまでに心改めておいてくだされよ。

この道信ずればすぐ良くなると思うている臣民もあるなれど、それは己の心のままぞ。道に外れたものは誰彼はないのざぞ。これまでのやり方、すくりと変えねば、世は治まらんぞと申してあるが、上《うえ》の人苦しくなるぞ。途中の人も苦しくなるぞ。お上《かみ》の言うこと聞かん世になるぞ。

九月の十六日《にち》

日津久神《ひつくのかみ》

第三帖　（一四〇）

人民同士の戦いでは到底敵《かな》わんなれど、いよいよとなりたら神がうつりて手柄さすのであるから、それまでに身魂《みたま》磨いておいてくれよ。世界中が攻め寄せたと申しても、まことには勝てんのであるぞ。まことほど結構なものないから、まことが神風《かみかぜ》であるから、臣民にまことなくなりていると、どんな気の毒できるか分からんから、くどう気つけておくのざぞ。腹掃除せよ。
九月の十六日《にち》
日津久神《ひつくのかみ》

第四帖　（一四二）

この筆いくらでも出てくるのざぞ。今のことと先のことと、三千世界、何もかも分かるのざから、よく読みて腹に入れておいてくれよ。この筆、盗まれぬようになされよ。筆盗《と》りに来る人あるから気つけておくぞ。この道は中ゆく道ぞ。左も右《みぎり》も偏《かたよ》ってはならんぞ。いつも心に天子様拝《おが》みておれば、何もかも楽にゆけるようになりているのざぞ。我《われ》が我《われ》がと思うていると、鼻ポキリと折れるぞ。
九月十六日《にち》
日津久神《ひつくのかみ》

第五帖　（一四二）

片輪車《かたわぐるま》でトンテントンテン、骨折り損のくたびれ儲《もう》けばかり、いつまでしているのぞ。

神にまつろえと申してあろがな。臣民の知恵で何できたか。早う改心せよ。

三月三日《か》、五月五日《か》は結構な日ぞ。

九月十六日《にち》

日津久神《ひつくのかみ》

第六帖　（一四三）

神の国八つ裂きと申してあること、いよいよ近づいたぞ。八つの国、一つになりて、神の国に攻めてくるぞ。

目覚めたら、その日の命《いのち》お預かりしたのざぞ。神の肉体、神の命《いのち》、大切せよ。

神の国は神の力でないと治まったことないぞ。神第一ぞ。いつまで仏《ほとけ》やキリストやいろいろなものに、こだわっているのぞ。出雲の神様、大切にありがたくお祭りせよ。尊い御《おん》神様ぞ。天津神《あまつかみ》、国津神《くにつかみ》、皆の神々様に御《おん》礼申せよ。まつろいてくだされよ。結構な怖い世となりてきたぞ。上下《うえした》グレンぞ。

九月十七日《にち》

日津久神《ひつくのかみ》

第七帖（一四四）

神にまつろう者には生きも死もないのぞ。死のこと、罷《まか》ると申してあろがな。生き通しぞ。亡骸《なきがら》は臣民は残さなならんのざが、臣民でも昔は残さないで罷ったのであるぞ。それがまことの神国《かみぐに》の臣民ぞ。みことぞ。世の元と申すものは、天《てん》も地《ち》も泥の海でありたのざぞ。その時から、この世始まってから生き通しの神々様の御《お》働《ん》きで、五六七《みろく》の世が来るのざぞ。腹ができておると、腹に神つまりますのざぞ。高天原《たかあまはら》ぞ。神漏岐《かむろき》、神漏美《かむろみ》の命《みこと》、忘れるでないぞ。そこから分かりてくるぞ。海を皆船で埋めねばならんぞ。海断たれて苦しまんようにしてくれよ。海巡らしてある神の国、清めに清めておいた神の国に、外国の悪渡りてきて神は残念ぞ。見ておざれ。神の力現す時来たぞ。

九月十八日《にち》

日津久神《ひつくのかみ》

第八帖（一四五）

祓《はら》いせよと申してあることは、何もかも借銭《しゃくせん》なしにすることぞ。借銭なしとは、巡《めぐ》りなくすることぞ。

昔からの借銭は、誰にでもあるのざぞ。それ払ってしまうまでは、誰によらず苦しむのぞ。

人ばかりでないぞ。家《いえ》ばかりでないぞ。国には国の借銭あるぞ。世界中借銭なし、何しても大望《たいもう》であるぞ。今度の世界中の戦は、世界の借銭なしぞ。世界の大祓《おおはら》いぞ。

神主、お祓《はら》いの祝詞《のりと》あげても何にもならんぞ。お祓《はら》い祝詞《のりと》は宣《の》るのぞ。今の神主、宣ってないぞ。口先ばかりぞ。祝詞《のりと》も抜けているぞ。畔放《あなはち》、頻播《しきまき》や、国津《くにつ》罪《つみ》、皆抜けて読んでいるではないか。臣民の心には汚く映るであろうが。それは心の鏡曇っているからぞ。悪や学に騙されて、肝心の祝詞《のりと》まで骨抜きにしているでないか。これでは世界は清まらんぞ。祝詞《のりと》は読むものではないぞ。神前で読めばそれでよいと思うているが、それだけでは何にもならんぞ。宣るのざぞ。祈るのざぞ。なりきるのざぞ。溶けきるのざぞ。神主ばかりでないぞ。皆心得ておけよ。神のことは神主に、仏《ほとけ》は坊主にと申していること、根本の大間違いぞ。

九月十九日《にち》

日津久神《ひつくのかみ》

第九帖　（一四六）

日津久神《ひつくのかみ》に一時《ひととき》拝《はい》せよ。神の恵み、身にも受けよ。体甦るぞ。神の光を着よ。御《み》光をいただけよ。食べよ。神ほど結構なものないぞ。今の臣民、日《ひ》をいただかぬから病になるのざぞ。神の子は日《ひ》の子と申してあろがな。

九月の二十日《にち》

日津久神《ひつくのかみ》

第十帖　（一四七）

何事も方便《ほうべん》と申して自分勝手なことばかり申しているが、方便と申すもの、神の国にはないのざぞ。まことが言《こと》ぞ。まの言《こと》ぞ。言霊《ことだま》ぞ。これまでは方便と申して逃げられたが、最早《もはや》逃げることできないぞ。方便の人々、早う心洗いてくれよ。方便の世は済みたのざぞ。今でも仏《ほとけ》の世と思うているとびっくりが出るぞ。
神の国、元の神がすっかり現れて、富士の高嶺《たかね》から天地《あめつち》へ祝詞《のりと》するぞ。岩戸閉める御役《おん》になるなよ。

九月の二十日《にち》

日津久神《ひつくのかみ》

第十一帖　（一四八）

世界丸めて一つの国とするぞと申してあるが、国はそれぞれの色の違う臣民によりて、一つ一つの国造らすぞ。その心々《こころこころ》によりて、それぞれの教え作らすのぞ。古きもの罷《まか》りて、また新しくなるのぞ。その心々の国と申すは、心々の国であるぞ。

一つの王で治めるのざぞ。天津日嗣《あまつひつぎ》の御子《み》様が世界中照らすのぞ。国の日嗣《ひつぎ》の御役《おん》も大切の御役《おん》ぞ。

道とは、三つの道が一つになることぞ。満ち満つことぞ。元の昔に返すのざぞ。創り固めの終わりの仕組ぞ。終わりは始めぞ。始めは一《ひ》（霊）ぞ。富士、都《みやこ》となるのざぞ。外国ゆきは外国ゆきぞ。

神の国光りて、目開《あ》けて見れんことになるのざぞ。臣民の体からも光が出るのざぞ。その光によりて、その御役《おんやく》、位《くらい》、分かるのざから、五六七《みろく》の世となりたら何もかもはっきりして、嬉し嬉しの世となるのぞ。

今の文明なくなるのでないぞ。魂《たま》入れていよいよ光りてくるのぞ。手握りて草木も四つ足も皆歌うこととなるのぞ。御光《みひかり》に皆集りてくるのざぞ。天子様の御光《みひかり》は、神の光であるのざぞ。

九月二十と一日《にち》

日津久神《ひつくのかみ》

第十二帖　（一四九）

この道は、道なき道ざぞ。天理《てんり》も金光《こんこう》も黒住《くろずみ》も今は魂《たましい》抜けておれど、この道入れて生き返るのぞ。日蓮《にちれん》も親鸞《しんらん》も耶蘇《やそ》も、何もかも皆抜け殻ぞ。この道で魂《たま》入れてくれよ。

この道は・ぞ。◯の中に・入れてくれと申してあろが。臣民も世界中の臣民も、国々も皆同じことぞ。・入れてくれよ。◯を掃除しておらぬと、・入らんぞ。今度の戦は、◯の掃除ぞと申してあろがな。

祭りとは、まつり合わすことと申してあろがな。この道は教えでないと言うてあろが。教会やほかの集いでないと申してあろがな。人集めてくれるなと申してあろがな。世界中の臣民、皆信者と申してあろが。

この道は、道なき道ぞ。時なき道ぞ。光ぞ。この道で皆生き返るのざぞ。天明《てんめい》、阿呆《あほう》になりてくれよ。我《が》捨ててくれよ。神懸《かみかか》るのに苦しいぞ。

九月二十二日《にち》

第十三帖　（一五〇）

赤い眼鏡かければ赤く見えると思うているが、それは相手が白いときばかりぞ。青いものは紫に映るぞ。今の世は色とりどり、眼鏡とりどりざから見当取れんことになるのざぞ。眼鏡外すに限るのぞ。眼鏡外すとは洗濯することざぞ。上《うえ》ばかり良くてもならず、下《しも》ばかり良くてもならんぞ。上《うえ》も下《しも》も天地《てんち》揃《そろ》うて良くなりて、世界中の臣民、獣《けもの》まで安心して暮らせる新《さら》の世にいたすのざぞ。取り違えするなよ。

九月二十三日《にち》

ア之《の》日《ひ》津《つ》久神《くのかみ》

日《ひ》津《つ》久神《くのかみ》

第十四帖　（一五一）

この道分かりた人から、一柱《ひとはしら》でも早う出て参りて神の御用なされよ。どこにおりても、御用はいくらでもあるのざぞ。神の御用と申して、稲荷《いなりさ》下げや狐憑《きつねつ》きの真似はさせんぞよ。この道は、厳しき道ざから、楽な道なのぞ。上《うえ》にも下《しも》にも、花咲く世になるのざぞ。後悔は要らぬのざぞ。神は見通しでないと神でないぞ。今の神は見通しどころか、目塞《ふさ》いでいるでないか。蛙《かえる》いくら鳴いたとて、夜《よ》明けんぞ。赤子になれよ。芥《ごも》捨《く》てよ。その日その時から、顔まで変わるのざぞ。神激しく、結構な世となりたぞ。

九月二十三日《にち》　日《ひ》津《つ》久《く》神《のかみ》

第十五帖　（一五二）

神の国の神の役員に分かりかけたらバタバタに埒《らち》つくなれど、学や知恵が邪魔してなかなかに分からんから、くどう申しているのざぞ。

臣民、もの言わなくなるぞ。この世の終わり、近づいた時ぞ。石、もの言う時ぞ。

神の目には、外国も大和《やまと》もないのざぞ。皆が神の国ぞ。七王《なおう》も八王《やおう》も作らせんぞ。一つの王で治めさすぞ。天子様が世界見《み》そなわすのざぞ。

世界中の罪負いておわします素戔嗚大神《すさなおのおおかみ》様に気づかんか。盲《めくら》、聾《つんぼ》ばかりと申してもあまりでないか。

九月の二十三日《にち》　　　　　　　　日津久神《ひつくのかみ》

第十六帖 （一五三）

神が臣民の心の中に宝生《い》けておいたのに、悪に負けて穢《けが》してしもうて、それで不足申していることに気づかんか。一にも金《かね》、二にも金《かね》と申して、人が難儀《なんぎ》しようが我《われ》さえよけらよいと申しているでないか。

それはまだよいのぞ。神の面被《めんかぶ》りて口先ばかりで神様神様、天子様天子様と申したり頭下げたりしているが、こんな臣民、一人も要らんぞ。いざというときは尻に帆かけて逃げ出す者ばかりぞ。犬猫は正直でよいぞ。こんな臣民は、今度は気の毒ながらお出直しぞ。

神の申したこと、一分一厘《いちぶいちりん》違わんのざぞ。そのとおりになるのざぞ。上《うえ》に唾《つばき》すれば、その顔に落ちるのざぞ。

時節ほど結構な怖いものないぞ。時節来たぞ。慌てずに急《いそ》いでくだされよ。世界中唸《うな》るぞ。陸《りく》が海となる所あるぞ。

今に病神《やまいがみ》の仕組に掛かりている臣民、苦しむ時近づいたぞ。病流行《はや》るぞ。この病は見当取れん病ぞ。病になりていても、人も分からねば我《われ》も分からん病ぞ。今に重くなりてくると分かりてくるが、その時では間に合わん。手遅れぞ。この方《ほう》の筆、よく腹に入れて病追い出せよ。早うせねば、フニャフニャ腰になりて、四つん這《ば》いで這い回らなならんことになると申してあろがな。神の入れものワヤにしているぞ。

九月二十三日《にち》

日津久神《ひつくのかみ》

第十七帖（一五四）

まことの善は悪に似ているぞ。まことの悪は善に似ているぞ。よく見分けなならんぞ。悪の大将は光り輝いているのざぞ。悪人は大人しく見えるものぞ。日本の国は世界の雛型《ひながた》であるぞ。雛型でない所はまことの神の国でないから、よほど気つけておりてくれよ。一時《いちじ》は敵《てき》となるのざから、ちっとも気許せんことぞ。神が特に気つけておくぞ。今は日本の国となりておりても、神の元の国でない所もあるのざから、雛型見て、よく腹に入れておいてくだされよ。後悔間に合わんぞ。

九月二十三日《にち》

日津久神《ひつくのかみ》

第十八帖　（一五五）

我《われ》よしの政治ではならんぞ。今の政治経済は我《われ》よしであるぞ。臣民の算盤《そろばん》で政治や経済してはならんぞ。

神の光のやり方でないと治まらんぞ。与える政治がまことの政治ぞよ。臣民勇む政治とは、上下《うえした》まつろい合わす政治のことぞ。

日《ひ》の光あるときは、いくら曇っても闇《やみ》ではないぞ。いくら曇っても悪が妨《さまた》げても、昼は昼ぞ。いくら明かりつけても夜《よ》は夜《よ》ぞ。神のやり方は日の光と申して、くどう気つけてあろがな。

政治ぞ、これは経済ぞと分けることは、まつりごとではないぞ。神の臣民、魂《たま》と肉体の別ないと申してあること分からぬか。神のやり方は、人の体魂《からたま》、人の働き見ればすぐ分かるでないか。

腹にちゃんと神鎮まっておれば、何事も箱さしたように動くのざぞ。いくら頭が偉いと申して、胃袋は頭の言うとおりには動かんぞ。この道理分かりたか。ぢゃと申して、味噌も糞《くそ》も一つにしてはならんのざぞ。神の政治は、易しい難しいやり方ぞ。高きから低きに流れる水のやり方ぞ。

神の印《しるし》つけた悪来るぞ。悪の顔した神あるぞ。飛行機も船も臣民も皆同じぞ。足下に気つけてくれよ。

向こうの国はちっとも急《いそ》いではおらぬのぞ。自分で目的達せねば子の代《だい》、子でできねば孫の代《よ》と、気長く掛かりているのざぞ。

神の国の今の臣民、気が短いからしくじるのざぞ。痺《しび》れ切らすと立ち上がれんぞ。急《いそ》いではならんぞ。急がねばならんぞ。

神の申すこと取り違いせぬようにしてくれよ。よくこの筆読んでくれよ。元の邪気凝《こ》りて湧いて出た悪の種《たね》は、邪鬼《じゃき》と大蛇《おろち》と四つ足となって、邪鬼には二本の角、大蛇《おろち》は八つ頭《がしら》、八つ尾、四つ足は金毛《きんもう》であるから気つけておくぞ。四つ足はお御名《み》に憑いて分けているから、守護神殿、臣民殿、騙されぬようにいたしてくだされよ。

九月二十三日《にち》

ア之日津久神《のひつくのかみ》

第十九帖 （一五六）

世成り、神国の太陽足りみちて、皆満ち足り、神国の月神、世をひらき足り、弥栄にひらき、月光、すべてはみち、結び出《い》づ。道は極みに極む。一二三《ひふみ》、三《み》四五《よいづ》、五六七《みろく》、弥栄弥栄ぞ。神、仏、耶、ことごと和し、和して足り、大道ひらく永遠《とわ》。富士は晴れたり。大神は光り出《い》づ。神国のはじめ。

九月二十四日

日津久神文《ひつくのかみふみ》

第二十帖　（一五七）

世界に変わりたことできたら、それは神々様の渡られる橋ぞ。

本《もと》清めねば末は清まらんぞ。根絶ちて葉繁らんぞ。元の種《たね》が大切ざぞ。種は元から選《よ》り分けてあるのざぞ。

せんぶり苦いぞ。

九月の二十四日《か》

日津久神《ひつくのかみ》

第二十一帖　（一五八）

神界のことは現界《げんかい》ではなかなかに分かるものでないということ分かりたら、神界のこと分かるのであるぞ。一《いち》に一《いち》足すと二《に》となるという算盤《そろばん》や物差しでは、見当取れんのざぞ。今までの戦でも、神が陰から守っていること、分かるであろがな。あんな者がこんな手柄立てたと申すことあろが。臣民からは阿呆に見えても、素直な人には神が懸り易いのであるから、早う素直にいたしてくれよ。海の津波、気をつけてくれ。前に知らしてやるぞ。

九月二十五日《にち》

日津久神《ひつくのかみ》

第二十二帖　（一五九）

我《われ》が助かろと思うたら助からぬのざぞ。その心、我《われ》よしざぞ。身魂磨けた人から救うてやるのざぞ。⊙《かみ》うつるのざぞ。身魂曇りた人にも〇はうつるのざぞ。⊙のうつりた人と、〇の懸りた人との大戦《おおいくさ》ぞ。・と〇とが戦して、やがては・を中にして〇が収まるのぞ。その時は〇は〇でなく、・も・でないのざぞ。⊙となるのざぞ。・と〇のまつりぞと申してあろがな。

どちらの国も潰《つぶ》れるところまでになるのぞ。臣民同士はもう戦敵《かな》わんと申しても、この仕組成就するまでは神が戦はやめさせんから、神がやめるわけにゆかんから、今やめたらまだまだ悪くなるのぞ。〇の世となるのぞ。〇の世界となるのぞ。今の臣民、九分《くぶ》通り〇になりているぞ。早う戦済ませてくれと申しているが、今、夜《よ》明けたら臣民九分通りなくなるのざぞ。お洗濯、第一ざぞ。

九月の二十六日《にち》

日津久神《ひつくのかみ》

第二十三帖　（一六〇）

　この筆、心で読みてくれよ。声出して読みてくれよ。病も治るぞ。草木もこの筆読みてやれば花咲くのざぞ。

　この道広めるには、教会のようなもの務めてくれるなよ。円居《まどい》を作りてくれるなよ。心から心、声から声、体から体へと広めてくれよ。世界中の臣民、皆この方《ほう》の民ざから、早う伝えてくれよ。

　神も人も一つであるぞ。

　考えていては何もできないぞ。考えないで思うとおりにやるのが神のやり方ぞ。考えは人の迷いざぞ。今の臣民、身魂曇りているから考えねばならぬが、考えればいよいよと曇りたものになる道理分からぬか。

　日暮れを気つけてくれよ。日暮れ良くなるぞ。日暮れに始めたことは、何でも成就するようになるのざぞ。日暮れを日の暮れとばかり思うていると、臣民の狭い心で取りていると間違うぞ。☉の暮れのことを申すのざぞ。

九月の二十八日《にち》

日津久神《ひつくのかみ》

第二十四帖　（一六一）

この方《ほう》、明神《みょうじん》とも現れているのざぞ。臣民守護のために現れているのであるぞ。

衣《ころも》は包《くる》むものであるぞ。包むものとは、まつろうものぞ。神の衣は人であるぞ。穢《けが》れ破れた衣では、神は嫌ざぞ。衣は何でもよいと申すようなものではないぞ。暑さ寒さ防げばよいと申すような簡単なものではないぞ。

今は神の衣なくなっている。九分九厘《くぶくりん》の臣民、神の衣になれないのざぞ。悪《あく》神《がみ》の衣ばかりぞ。今に臣民の衣も九分九厘なくなるのざぞ。⊙の国、霊《れい》の国とこの世とは、合わせ鏡であるから、この世に映ってくるのざぞ。臣民、身魂洗濯してくれとくどう申してあるがな。この道理よく分かりたか。

十月とは十《かみ》の月ぞ。一（陰《いん》）と｜（陽《よう》）との組みた月ぞ。

九月の二十八日《にち》

日津久神《ひつくのかみ》

第二十五帖　（一六二）

新しくその日その日の生まれくるのぞ。三日《みっか》は三日、十日《とおか》は十日の神殿《かみどの》守るのざぞ。時の神ほど結構な怖い神ないのざぞ。この方《ほう》とて時節には敵《かな》わんことあるのざぞ。今日なれば九月の二十八日《にち》であるが、旧の八月十一殿《どの》を拝《おが》みてくれよ。二十八日《にち》殿もあるのざぞ。

何事も時待ちてくれよ。煎《い》り豆にも花咲くのざぞ。この世では時の神様、時節を忘れてはならんぞ。時は神なりぞ。何事もその時節来たのざぞ。時過ぎて種播《たねま》いても、お役に立たんのであるぞ。草もの言うぞ。

旧の八月の十一日《にち》

第二十六帖　（一六三）

雨の日は傘要るのざと申して、晴れたら要らぬのざぞ。その時その時の御用あるのざぞ。晴れた日とて傘要らぬのでないぞ。今御用ある臣民と、明日御用ある臣民とあるのざぞ。二《ふた》つ（二歳）の時は二つ（二歳）の着物、五《いつ》つ（五歳）は五つ（五歳）、十《とお》（十歳）は十《とお》（十歳）の着物あるのざぞ。十柱《とはしら》の御役《おん》もそのとおりざぞ。役変わるのぞ。

旧八月の十二日《にち》

日津久神《ひつくのかみ》

日津久神《ひつくのかみ》

第二十七帖　（一六四）

天地《てんち》には天地《てんち》の、国には国のびっくり箱開《あ》くのざぞ。びっくり箱開《あ》いたら、臣民、皆思いが違っていること分かるのぞ。早う洗濯した人から分かるのぞ。びっくり箱開《あ》くと、神の規則どおりに何もかもせねばならんのぞ。目開《あ》けておれん人できるぞ。神の規則は、日本も支那《しな》もインドもメリカもキリスもオロシヤもないのざぞ。一つにして規則どおりができるのざから、今に敵《てき》か味方か分からんことになりてくるのざぞ。

学の世はもう済みたのぞ。日に日に神力《しんりき》現れるぞ。一息《ひといき》入れる間《ま》もないのぞ。ドシドシ事《こと》を運ぶから、遅れんように、取り違いせんように、慌てぬようにしてくれよ。神々様もえらい心配なされてござる方《かた》あるが、仕組は流々《りゅうりゅう》、仕上げ見てくだされよ。

旧九月になれば、この筆に替わりて天之日津久神《あめのひつくのかみ》の御《おん》筆出すぞ。初めの役員、それまでに引き寄せるぞ。八分《はちぶ》通り引き寄せたなれど、あと二分《にぶ》通りの御《おん》役の者引き寄せるぞ。
遅し早しはあるなれど、神の申したこと、一厘《いちりん》も違わんぞ。
富士は晴れたり、日本晴れ。おけ。
十月の四日《か》　日津久神文《ひつくのかみふみ》

第二十八帖　（一六五）

神の国には神の国のやり方、外国には外国のやり方あると申してあろがな。戦もそのとおりぞ。神の国は、神の国のやり方せねばならんのざぞ。外国のやり方真似ては、外国強いのざぞ。戦するにも身魂磨き第一ぞ。

一度に始末することは易いなれど、それでは神の国を一度は丸潰《つぶ》しにせねばならんから、待てるだけ待っているのざぞ。仲裁する国はなく、出掛けた船はどちらもあとへ引けん苦しいことになりてくるぞ。神、気つけるぞ。

十月六日《か》
日津久神《ひつくのかみ》

第二十九帖　（一六六）

天明《てんめい》は筆書かす御《おん》役ぞ。陰《かげ》の役ぞ。

この筆は、アとヤとワのつく役員から出すのざぞ。表ぞ。旧九月までには、その御方《おんかた》お揃《そろ》いぞ。

カのつく役員、裏なり。タのつく役員、表なり。裏表あると申してあろがな。言《こと》が大切ぞ。言《こと》によりて伝えるのが神は嬉しきぞよ。文字は次ぞ。このことよく心得よ。

天《てん》の異変は人の異変ぞ。

一時《いちじ》は筆も出んことあるぞ。筆読んでくれよ。筆読まないで臣民勝手に知恵絞りても、何もならんと申してあろがな。神にくどう申さすことは、神国《かみぐに》の臣民の恥ぞ。

筆は要らぬのが、まことの臣民ぞ。神それぞれに宿りたら、筆要らぬのざぞ。それが神世の姿ぞ。

上《かみ》に立つ人に、この筆分かるようにしてくれよ。国は国の、円居《まどい》は円居の、上《かみ》の人に早う知らしてくれよ。アとヤとワから表に出すと、上《うえ》の人も耳傾けるのざぞ。

アとはアイウエオぞ。ヤもワも同様ぞ。カは裏ぞ。タは表ぞ。サとナとハとマとまつわりてくれよ。ラは別の御役《おん》ぞ。御役《おん》に上下《うえした》ないぞ。皆それぞれ貴《とうと》い御役《おん》ぞ。

この筆、上《うえ》つ巻と下《しも》つ巻、まず読みてくれよ。腹に入れてから神集《かむつど》うのぞ。神は急《せ》けるぞ。

山の津波に気つけよ。

十月の七日《か》
日津久神《ひつくのかみ》

第三十帖　（一六七）

一度に立て替えすると世界が大変が起こるから、延ばし延ばしているのざぞ。目覚めぬと末代の気の毒できるぞ。国取られた臣民、どんなに惨《むご》いことになりても何も言うことできず、同じ神の子でありながらあまりにも酷《ひど》いやり方、獣《けだもの》よりも惨いことになるのがよく分かりているから、神が表に出て、世界中救うのであるぞ。

この筆腹に入れると神力《しんりき》出るのざぞ。疑う臣民たくさんあるが、気の毒ざぞ。一通《ひと》りは、嫌がる臣民にもこの筆、一二三《ひふみ》として読むように上《うえ》の人してやりてくだされよ。

命《いのち》あるうちに神の国のこと知らずに、死んでから神の国にゆくことはできんぞ。

神の力でないと、もう世の中はどうにも動かんようになっていること、上《うえ》の番頭殿分かりておろがな。どうにもならんと知りつつ、まだ知や学ばかりに縋《すが》りておるようでは、上《うえ》の人とは申されんぞ。知や学越えて、神の力にまつわれよ。

飛行機でも、飛行機にまつわれば命《いのち》通うのざぞ。お土拝《おが》みて米作る百姓さんが、神のまことの民ぞ。神拝《おろが》みて筆取れよ。神のない世とだんだんなりておろがな。

まつることは生かすことぞ。生かすことは働かすことぞ。

神の国には、何でもないものないのざぞ。神の御用ならば、何でも出てくる結構な国ざぞ。何もなくなるのはやり方悪いのぞ。神の心に沿《そ》わんのぞ。

十月七日《か》　日津久神《ひつくのかみ》

第三十一帖　（一六八）

この筆読ますようにするのが役員の務めでないか。役員さえ読んではいないではないか。筆に一二三《ひふみ》つけたもの、まず大《おお》番頭、中番頭、小番頭殿に読ましてくれよ。道さえつければ読むぞ。腹に入る者と入らぬ者とはあるなれど、読ますだけは読ませてやるのが役員の務めでないか。

旧九月になったら忙しくなるから、それまでに用意しておかんと悔しさが出るぞよ。いざとなりて地団駄《じだんだ》踏んでも間に合わんぞ。餅つくには、つく時あるのざぞ。それで縁《えん》ある人を引き寄せているのざぞ。神は急《せ》けるのぞ。

十月の七日《か》

日津久神《ひつくのかみいそ》急ぐ

第三十二帖　（一六九）

仕組どおりに出てくるのざが、大難を小難にすることできるのざぞ。神も泥海は真《ま》っ平《ぴら》ぞ。臣民喜ぶほど神嬉しきことないのざぞ。曇りておれど元は神の息入れた臣民ぞ。珍《うず》であるのぞ。番頭殿、役員殿、褌《ふんどし》締めよ。

十月の七日《か》

日津久神《ひつくのかみ》

第三十三帖　（一七〇）

江戸の仕組済みたら尾張《おわり》の仕組に掛からすぞ。その前に仕組む所あるなれど、今では成就せんから、その時は言葉で知らすぞ。

宝持ち腐りにしてくれるなよ。猫に小判になりてくれるなよ。天地《てんち》一度に変わると申してあること、近づいたぞ。世は持ち切りにはさせんぞよ。息吹祓《いぶきはら》いて論《ろん》なくするぞ。言《こと》なくするぞ。もの言われん時来るぞ。臣民、見当取れんことと申してあろが。上《うえ》の人、辛《つら》くなるぞ。頑張りてくれよ。

十月八日《か》

日津久神《ひつくのかみ》

第三十四帖　（一七一）

神は言葉ぞ。言葉とはまことぞ。息吹《いぶき》ぞ。道ぞ。まこととは、まつり合わした息吹《いぶき》ぞ。言葉で天地《てんち》濁るぞ。言葉で天地《てんち》澄むぞ。戦なくなるぞ。神国《かみぐに》になるぞ。言葉ほど結構な怖いものないぞ。

十月十日《か》　　　　ア之日津久神《のひつくのかみ》

第三十五帖　（一七二）

日本の国はこの方《ほう》の肉体であるぞ。国土拝《くにつちおろが》めと申してあろがな。日本は国が小さいから、一握りに握り潰《つぶ》して食うつもりで攻めてきているなれど、この小さい国が喉《のど》につかえてどうにも苦しくて勘忍してくれというように、とことんの時になりたら改心せねばならんことになるのぞ。外国人も皆神の子ざから、一人残らずに助けたいのが、この方《ほう》の願いと申してあろうがな。

今に、日本の国の光出るぞ。その時になりて改心できておらぬと、臣民は苦しくて、日本のお土の上《うえ》におれんようになってくるのぞ。自分から外国ゆきとなるのざぞ。魂《たま》のままの国に住むようになるのぞ。

南の島に埋めてある宝を御用に使う時、近づいたぞ。お土の上がり下がりあると申してある時、近づいたぞ。人の手柄で栄耀《えいよう》している臣民、最早《もはや》、借銭なしの時となりたのぞ。改心第一ぞ。

世界に変わりたことは、皆この方《ほう》の仕組の節々ざから、身魂磨いたら分かるから、早う身魂磨いてくだされよ。身魂磨くには、祭りせねばならんぞ。祭りはまつろうことぞと申して説いて聞かすと、神祭りはしないでいる臣民おるが、神祭り元ぞ。神迎えねばならんぞ。取り違えと天狗《てんぐ》が一等怖いのざぞ。千尋《せんじん》の谷へポンと落ちるぞ。神の規則は怖いぞ。隠し立てはできんぞ。何もかも帳面に記してあるのざぞ。

借銭なしで裁きの時になっているのざぞ。神の国に借銭ある臣民は、どんな偉い人でもそれだけに苦しむぞ。家《いえ》は家《いえ》の、国は国の借銭なしが始まっているのぞ。済ましたら気楽な世になるのぞ。世界の大晦日《おおみそか》ぞ。晦日は闇《やみ》と決まっているであろうがな。借り返すとき辛《つら》いなれど、返したあとの晴れた気持ち、良いであろうが。昔からの借銭ざから、素直に苦しみ堪《こら》えて神の申すこと、さすことに従って、日本は日本のやり方に返してくれよ。

番頭殿、下《しも》にいる臣民殿、国々の守護神殿、外国の神々様、臣民殿、仏《ぶつ》もキリストも何もかも皆聞いてくれよ。その国、その民のやり方伝えてあろうがな。九十《こと》に気つけて用意してくれよ。

十月十日《か》

日津久神《ひつくのかみ》

第三十六帖　（一七三）

富士は晴れたり、日本晴れ。

天子様が富士から世界中に御稜威《みいづ》される時、近づいたぞ。富士は火の山、火の元の山で、穢《けが》してならん御《おん》山ざから、人民登れんようになるぞ。

神の臣民と獣《けもの》と立て分けると申してあろうが。世のさま見て早う改心して、身魂洗濯いたして神の御用務めてくれよ。大き声せんでも静かに一言《ひとこと》言えば分かる臣民、一《いち》言えば十《とお》知る臣民でないと、まことの御用は務まらんぞ。

今にだんだんに迫りてくると、この方《ほう》の筆あてにならん、騙されていたと申す人も出てくるぞ。よくこの筆読んで、神の仕組心に入れて、息吹《いぶき》として言葉として世界清めてくれよ。分からんと申すのは、筆読んでいない印《しるし》ぞ。

身魂芯から光り出したら、人も神も同じことになるのぞ。それがまことの臣民と申してあろうがな。

山から野から川から海から、何が起こっても神は知らんぞ。皆臣民の心からぞ。改心せよ。掃除せよ。洗濯せよ。雲霧《くもきり》払いてくれよ。御《み》光出ぬようにしていて、それでよいのか。気つかんと痛い目に遭《あ》うのざぞ。誰彼の別ないと申してあろうがな。

いずれは天之日津久神様《あめのひつくのかみ》、御懸《おん》りになるぞ。遅し早しはあるぞ。この神様の御筆《おん》は激しきぞ。早う身魂磨かねば御懸《おん》り遅いのざぞ。よくとことん掃除せねば御懸《おん》り難しいぞ。役員も気つけてくれよ。御役《おん》、御苦労《ご》ぞ。その代わり御役《おん》済みたら富士晴れるぞ。

十月十一日《にち》

日津久神《ひつくのかみ》

第六巻　日津久《ひつく》（日月）の巻　全四十帖

自　昭和十九年旧九月　一日
至　昭和十九年十一月三十日

第一帖　（一七四）

富士は晴れたり、日本晴れ。

日の巻、書き知らすぞ。

この世に、自分の物というものは、何一つないのであるぞ。早う自分からお返しした者から、楽になるのざぞ。

今度の大洗濯《おおせんたく》は、三つの大洗濯が一度になっているのざから、見当取れんのざぞ。神の国の洗濯と、外国の洗濯と、世界ひっくるめた洗濯と一度になっているのざから、そのつもりでおりて少しでも神の御用務めてくれよ。これからがいよいよの正念場と申してあろがな。今はまだまだ一の幕で、先繰《せんぐ》り出てくるのざぞ。

我《が》出したら分からなくなるぞ。

天子様、拝《おが》めよ。天子様、祭りてくれよ。

臣民、無理と思うことも、無理でないことたくさんにあるのざぞ。

神は、いよいよの仕組に掛かったと申してあろがな。壊すのでないぞ。練り直すのざぞ。世界をすり鉢に入れてこね回し、練り直すのざぞ。日本の中に騒動起こるぞ。神の臣民、気つけてくれよ。日本も神と獣《けもの》に分かれているのざから、否《いや》でも応でも騒動となるのざぞ。小さくしたいなれど。

旧九月一日《にち》

日津久神《ひつくのかみ》

第二帖　（一七五）

三千年《さんぜんねん》三千世界乱れたる　罪や穢《けが》れを身に負いて
この世の裏に隠《か》れしまま　この世構いし大神の
命《みことかしこ》畏みこの度《たび》の　岩戸開《びら》きの御用する
身魂《みたま》はいずれも生き変わり　死に変わりして練りに練り
鍛えに鍛えし神国《かみぐに》の　まことの身魂天駈《あま》けり

国駈けります元の種《たね》　昔の元の御種《おんたね》ぞ
今落ちぶれているとても　やがては神の御民《み》とし
天地《あめつち》駈けり神国《かみぐに》の　救いの神と現れる
時近づきぬ御民《みたみ》等よ　今一《ひと》苦労二《ふた》苦労
とことん苦しきことあれど　耐え忍びてぞ次の世の
まこと神世《かみよ》の礎《いしずえ》と　磨きてくれよ神身魂《かみみたま》
弥栄《いやさか》つぎに栄えなん　身魂幸《さちわ》えましましさん

旧九月二日《か》

日津久神《ひつくのかみ》

第三帖　（一七六）

この筆、声立てて読みてくだされと申してあろがな。臣民ばかりに聞かすのでないぞ。守護神殿、神々様にも聞かすのぞ。声出して読みてさえおれば、良くなるのざぞ。

ぢゃと申して、仕事休むでないぞ。仕事は行であるから、努《つと》め努めた上《うえ》にも、精出してくれよ。それがまことの行であるぞ。

滝に打たれ、断食《だんじき》するような行は、外国の行ぞ。神の国のお土踏み、神国《かみぐに》の光息《ひかりいき》して、神国《かみぐに》から生まれる食べ物いただきて、神国《かみぐに》の御《おん》仕事している臣民には、行は要らぬのざぞ。このことよく心得よ。

十月十九日《にち》

日津久神《ひつくのかみ》

第四帖　（一七七）

戦済みても、あとの紛糾《ふんきゅう》なかなかに済まんぞ。人民いよいよ苦しくなるぞ。三四五《みよいづ》の仕組できないで、一二三《ひふみ》の御用はやめられんぞ。この筆読んで、三《み》四五《よいづ》の世の仕組よく腹の中に入れておいて、上《かみ》の人に知らしてやりてくだされよ。三四五《みよいづ》とは天子様の御稜威《みいづ》、出《い》づことぞ。

十月二十日《か》

日津久神《ひつくのかみ》

第五帖 （一七八）

神の国には、神も人もないのざぞ。忠《ちゅう》も孝《こう》もないのざぞ。神は人であるぞ。山であるぞ。川であるぞ。芽である。野である。草である。木である。動物であるぞ。為すこと皆《みな》、忠となり孝と流れるのぞ。死もなく生《い》きもないのぞ。神心《かみごころ》あるのみぞ。

やがては降《ふ》らん雨霰《あめあられ》。役員、気つけてくれよ。神の用意はできているのざぞ。何事からでも早う始めてくれよ。神の心に適《かな》うものはドシドシと埒明《らちあ》くぞ。

十月二十一日《にち》

日津久神《ひつくのかみ》

第六帖　（一七九）

天地《あめつち》の時、天御中主命《あめみなかぬしのみこと》、アのアに成りましき、高天原《たかあまはら》に命《みこと》と成り給《たま》いき。

今の経済は、悪の経済と申してあろがな。もの殺すのぞ。神の国の経済は、もの生む経済ぞ。

今の政治は、もの壊す政治ぞ。神の政治は、与える政治と申してあろが。

配給は配給、統制は統制ぞ。

一度は何もかも天地《てんち》に引き上げと申してあるが、次の世の種《たね》だけは地《ち》に埋めておかねばならんのざぞ。それで神がくどう申しているのぞ。種は、落ちぶれていなさる方《かた》で守られているぞ。

上下《うえした》に引っ繰り返ると申してあること、近づいてきたぞ。

種は百姓に与えてあるぞ。種播《ま》くのは百姓ぞ。

十月の二十二日《にち》

日津久神《ひつくのかみ》

第七帖 （一八〇）

次、高御産巣日《たかみむすび》、次、神産巣日《かみむすび》の命《みこと》と成り給《たま》いき。この三柱《みはしら》、スに成りまして、澄み切り給いき。

岩戸ひらく道、神々苦むなり。弥ひらき苦む道ぞ。苦しみてなりなり、なりえむ道ぞ。神諸々なり、世は勇むなり。新しき道、ことごとなる世、神諸々四方《もろもろよも》にひらく。なる世の道、ことごとくの道、御稜威《みいづ》ぞ。

十月二十四日

日津久神《ひつくのかみ》

第八帖　（一八一）

次、宇摩志阿斯訶備比古遅神《うましあしかびひこじのかみ》、命《みこと》と成り成りて、現《あ》れ出《い》で給《たま》いき。

瓜《うり》の蔓《つる》に茄子《なす》ならすでないぞ。茄子には茄子と申してあろがな。味噌《みそ》も糞《くそ》も一つにするでないぞ。

皆がそれぞれに息《いき》する道、あろがな。野見よ。森見よ。神の経済よく見よ。神の政治よく見て、まことの政治仕えてくれよ。すべてにまつろうことと申してあろがな。

上《うえ》に立つ番頭《ばんとう》殿、目開《ひら》いてくだされよ。間に合わんことできても神はもう知らんぞ。神急《せ》けるぞ。役員も気配《くば》れよ。

旧九月八日《か》

日津久神《ひつくのかみ》

第九帖　（一八二）

何事も持ちつ持たれつであるぞ。神ばかりではならず、人ばかりではならずと申してあろが。

善一筋《ひとすじ》の世と申しても、今の臣民の言うているような善ばかりの世ではないぞ。悪でない悪とあなないているのざぞ。このお道は、あなないの道ぞ。上《うえ》ばかり良い道でも、下《しも》ばかり良い道でもないのざぞ。

祭りとは、まつわることで、まつり合わすことざぞ。まつり合わすとは、草は草として、木は木として、それぞれのまつり合わせぞ。草も木も、同じまつり合わせでないのざぞ。

十月の二十六日《にち》

日津久神《ひつくのかみ》

第十帖　（一八三）

次、天之常立命《あめのとこたちのみこと》、次、国之常立命《くにのとこたちのみこと》、次、豊雲野命《とよくもぬのみこと》と成り成りて、現《あ》れ出《い》で給《たま》い、命《みこと》澄み切り給いき。

辛酉《かのととり》の日と年は、怖い日で、佳《よ》き日と申してあろがな。九月八日《か》は結構な日ざが、怖い日ざと申して知らしてありたこと、少しは分かりたか。

何事も筆どおりになりて、先繰《せんぐ》りに出てくるぞ。遅し早しはあるのざぞ。

この度は幕の一ぞ。日本の臣民、これで戦済むように申しているが、戦はこれからぞ。

九、十月八日《か》、十八日《にち》はいくらでもあるのざぞ。三月三日《か》、五月五日《か》は佳き日ぞ。恐ろしい日ざぞ。

今は型であるぞ。改心すれば型小さくて済むなれど、掃除大きくなるぞ。

猫に気つけよ。犬来るぞ。

臣民の掃除遅れると、だんだん大きくなるのざぞ。神が表に出て御《おん》働きなされていること、今度はよく分かりたであろがな。⊙と神との戦でもあると申してあろがな。戦の真似であるぞ。⊙《かみ》がいよいよとなりてびっくり箱開《ひら》いたら、臣民ポカンぞ。手も足も動かすことできんのざぞ。たとえではないのざぞ。くどう気つけておくぞ。これからがいよいよの戦となるのざぞ。鉄砲の戦ばかりでないぞ。その日、その日の戦、激しくなるぞ。褌《ふんどし》締めてくれよ。

十月二十五日《にち》

日津久神《ひつくのかみ》

第十一帖　（一八四）

学も神力《しんりき》ぞ。神ざぞ。学が人間の知恵と思っていると、とんでもないことになるぞ。

肝心の真中なくなりていると申してあろうが。真中動いてはならんのざぞ。神国《かみぐに》の政治は魂《たま》のまつりごとぞ。

苦しき御用が喜んでできるようになりたら、神の仕組分かりかけるぞ。何事も喜んでいたしてくれと申してあろうがな。

臣民の頭では見当取れん無茶な世になる時、来たのざぞ。それを闇《やみ》の世と申すのぞ。

神は・、臣民は○、外国は○、神の国は・と申してあろうが。神国《かみぐに》から見れば周り皆、外国。外国から見れば神国《かみぐに》、真中。人の真中には神あろうがな。

悪神《あくがみ》の仕組はこの方《ほう》には分かりているから、一度に潰《つぶ》すことは易いなれど、それでは天《てん》の大神様にすまんなり。悪殺してしまうのではなく、悪改心さして、五六七《みろく》の嬉し嬉しの世にするのが神の願いざから、この道理忘れるでないぞ。

今の臣民、いくら立派な口きいても、文字並べても、まことがないから力ないぞ。黙っていても力ある人、いよいよ世に出る時近づいたぞ。力は神から流れくるのぞ。

磨けた人から神がうつって、今度の二度とない世界の世直しの手柄立てさすぞ。身魂磨きが何より大切ぞ。

十月の二十七日《にち》

日《ひ》津《つ》久神《くのかみ》

第十二帖　（一八五）

三柱《みはしら》、五柱《ごはしら》、七柱《ななはしら》、別天神《ことあまつかみ》。

次、宇比地邇《うひじに》、次、妹須比智邇《いもすひじに》。

次、角杙《つぬぐひ》、次、妹活杙《いもいくぐひ》。

次、意富斗能地《おほとのじ》、次、妹大斗乃弁《いもおほとのべ》。

次、於母陀流《おもたる》、次、妹阿夜訶志古泥《いもあやかしこね》、命《みこと》と現《あ》れ成り、生き生きて、生き給《たま》いき。

次、伊耶那岐神《いざなきのかみ》、伊耶那美神《いざなみのかみ》、現《あ》れ出《い》でましましき。

足下に気つけよ。

悪は善の仮面被《かぶ》りてくるぞ。入れんところへ悪が化けて入って、神の国をワヤにしているのであるぞ。己の心も同様ぞ。百人千人万人の人が善いと申しても、悪いことあるぞ。一人の人言っても、神の心に沿《そ》うことあるぞ。天子様拝《おが》めよ。天子様拝《おが》めば御光《み》出るぞ。何もかもそこから生まれるのざぞ。お土拝《おが》めよ。お土から何もかも生まれるのぞ。人拝《おが》めよ。上《うえ》に立つ人拝《おが》めよ。草木も神と申してあろがな。

江戸に攻め寄せると申してあろがな。富士目指して攻めくると知らしてあること、近づいたぞ。

今までのことは、皆型でありたぞ。江戸の仕組も、お山も、甲斐《かい》の仕組も皆型ぞ。

鳴門《なると》と渦海《うずうみ》の仕組も、型出してくれよ。尾張《おわり》の仕組も、型早う出してくれよ。型済んだら、いよいよ末代続くまことの世直しの御用に掛からすぞ。雨降《ふ》るぞ。

十月二十八日《にち》

日津久神《ひつくのかみ》

第十三帖　（一八六）

人心《ひとごころ》で急ぐでないぞ。我《が》が出てくるとしくじるから、我《が》と分からん我《が》あるから、今度はしくじることできんから、ことという時には神が力つけるから、急ぐでないぞ。身魂磨き第一ぞ。

陰《かげ》の御用と表の御用とあるなれど、いずれも結構な御用ぞ。身魂相当が一番良いのざぞ。

今に分かりてくるから慌てるでないぞ。今までの筆、よく読んでくれたら分かるのざぞ。それで、腹で読め読めとくどう申しているのざぞ。

食い物、気つけよ。

十月二十八日《にち》

第十四帖　（一八七）

世の元からの仕組であるから、臣民に手柄立てさして上下揃《うえしたそろ》った光の世にするのざから、臣民、見当取れんから、早う掃除してくれと申しているのぞ。国中《くにじゅう》至る所、花火、仕掛けしてあるのぞ。人間の心の中にも花火が仕掛けてあるぞ。いつ、その花火が破裂するか、分からんであろがな。掃除すれば何もかも見通しざぞ。花火、破裂する時、近づいてきたぞ。

動くことできんようになるのぞ。

蝋燭《ろうそく》の火、明るいと思うているが、五六七《みろく》の世の明るさは分からんであろが。

十月の三十一日《にち》

日津久神《ひつくのかみ》

第十五帖（一八八）

目、覚めたらその日の命《いのち》お預りしたことを神に感謝し、その命《いのち》を神の御心《み》のままに弥栄《いやさか》に仕え奉《まつ》ることに祈れよ。神はその日、その時に何すべきかについて教えるぞ。明日《あす》のことに心使うなよ。心は配れよ。取り越し苦労するなよ。心配《くば》りはせなならんぞ。何もかも神に任せよ。神の命《いのち》、神の肉体となりきれよ。何もかも捨てきらねばならんぞ。天地《てんち》、皆神のものぞ。天地《てんち》、皆己のものぞ。取り違いいたしてくれるなよ。いくら戦していても天国ぞ。天国とは神国《かみぐに》ぞ。神国《かみぐに》の民となれば戦もありがたいぞ。生きの命《いのち》、いつも光り輝いているぞ。神にまつろてくれと申してあろが。天地《あめつち》、皆にまつろてくれと申してあろがな。ここの道理よく分かりたであろうが。

何も言うことないぞ。神称える言《こと》が言《こと》ぞ。天地《あめつち》称える言《こと》が言《こと》ぞ。草木の心になれと申してあろうがな。神風《かみかぜ》もあるぞ。地獄の風もあるぞ。迷うでないぞ。

神の申す言《こと》は言《こと》であるぞ。言《こと》に生きてくれよ。言《こと》にまつろえよ。

十一月の一日《にち》

日《ひ》津《つ》久《く》神《のかみ》

第十六帖（一八九）

慌てて動くでないぞ。時節が何もかも返報《へんぽう》返しするぞ。時の神様、ありがたいと申してあろうがな。

神は臣民から何求めているか。いつも与えるばかりでないか。神の政治、神《かみ》国《ぐに》の政治は与える政治とくどう申してあろうがな。

今のやり方では、いよいよ苦しくなるばかりぞ。早う気づかぬと気の毒できてくるぞ。

金《かね》要らぬと申してあろが。やり方教えてやりたいなれど、それでは臣民に手柄ないから、この筆よく読みてくれと言うてあるのぞ。

善きことも現れると帳消しとなること、知らしてあろが。人に知れぬように善きことはするのざぞ。このこと、よく深く考えて行えよ。

昔からの巡りであるから、ちょっとやそっとの巡りでないから、どこへ逃げても、どうしてもするだけのことせならんのざぞ。どこにいても救う臣民は救うてやるぞ。

真中、動くでないぞ。

知らぬ顔しておることも起こるぞ。

十一月三日《か》
日津久神《ひつくのかみ》

第十七帖　（一九〇）

ここに天神《あまつかみ》、諸々《もろもろ》の命《みこと》もちて、伊耶那岐命《いざなきのみこと》、伊耶那美命《いざなみのみこと》に、これの漂《ただよ》える国、創り固めなせと宣《の》り言《ごち》て、天《あめ》の沼矛《ぬほこ》を給《たま》いて、言寄《ことよ》さし給いき。

神の国にも、善と悪とあると申してあろがな。この筆、見せてよい人と、悪い人とあるのざぞ。筆見せてくれるなよ。まことの神の臣民と分かりたら、この筆、写してやりてくれよ。筆は出ませぬと申せよ。時節よく見るのざぞ。型してくれたのざから、もう初めの仕組よいぞ。この筆、表に出すでないぞ。天明《てんめい》は陰《かげ》の御用と申してあろが。筆しまっておいてくれよ。一二三《ひふみ》として聞かしてやってくれよ。この方《ほう》の仕組、日に日に変わるのざから、臣民分からなくなると申してあろが。日に日に激しく変わりてくるのざぞ。神の子には筆伝えてくれよ。神急《せ》けるのざぞ。

渦海《うずうみ》の御用、結構。

十一月四日《か》

日津久神《ひつくのかみ》

第十八帖　（一九二）

次に伊耶那岐命《いざなきのみこと》、伊耶那美命《いざなみのみこと》に、天《あま》の沼陰《ぬほと》を給《たま》いて、共に漂えること国創り固めなせと、言寄《ことよ》さし給いき。

日に日に激しくなると申してあろがな。

水、頂《いただき》に上げなならんぞ。お土、掘らねばならんぞ。

言葉、特に磨きてくれよ。言《こと》に気つけてくれとくどう申してあろが。

してはならず、せねばならず。神事《かみごと》に生きてくだされよ。

十一月六日《か》

第十九帖　（一九二）

今のやり方、考え方が間違っているからぞ。洗濯せよ、掃除せよと申すのは、これまでのやり方、考え方をすくりと改めることぞ。一度、罷《まか》りたと思え。掃除して何もかも綺麗にすれば、神の光すくりと光り輝くぞ。芥《ごもく》捨てよと申してあろがな。人の心ほど怖いものないのざぞ。奥山に紅葉《もみじ》あるうちにと申すこと、忘れるなよ。北に気つけよ。神の世の仕組、よく腹に入れておいてくだされよ。今度の新《さら》つの世の元となるのざぞ。

十一月七日《か》

日津久神《ひつくのかみ》

日津久神《ひつくのかみ》知らすぞ

第二十帖　（一九三）

神の用意は何もかも済んでいると申してあろうが。臣民の洗濯、早ういたしてくれよ。新《さら》つの世の用意、早うしてくれよ。今度の世には四十九《しじゅうく》の御《おん》役、御《おん》仕事あるのざぞ。四十九の身魂と申してあろうがな。

神の申したこと、次々と出てきておろうがな。早うこの筆、腹に入れてくれよ。早う知らしてくれよ。今までの筆、役員の腹に入るまでは、しばらくこの筆出ぬぞ。大切の時には知らすなれど、そのつもりでおりてくれよ。

野の種《たね》、大切にしてくだされよ。

毒吐き出せよ。

十一月の八日《か》

日津久神《ひつくのかみ》

第二十一帖　（一九四）

人まず和し、人拝《おろが》めよ。拍手《かしわで》打ちて人とまつろえよ。
筆読んで聞かしてくれよ。声出して、天地《てんち》に響くよう宣《の》れよ。
火と水、一二三《ひふみ》となるのざぞ。火近づいたぞ。水近づいたぞ。
否《いや》でも応でも走らならんぞ。引っ繰り返るぞ。世が唸《うな》るぞ。
筆読めば縁《えん》ある人集まってきて、神の御用する者できてくること分からんか。
仕組どおりに進めるぞ。神待たれんぞ。

十一月十日《か》　日津久神《ひつくのかみ》

第二十二帖　（一九五）

お宮も壊されるぞ。臣民もなくなるぞ。上《うえ》の人、臭い飯食う時来るぞ。味方同士が殺し合う時、一度はあるのざぞ。大き声でもの言えん時来ると申してあろがな。
これからがいよいよざから、その覚悟していてくだされよ。一二三《ひふみ》が正念場ぞ。臣民の思うているようなことでないぞ。この筆、よく腹に入れておけと申すのぞ。散り散りバラバラになるのざぞ。一人一人で何でもできるようにしておけよ。

十一月十一日《にち》

日津久神《ひつくのかみ》

第二十三帖 （一九六）

一升桝《しょうます》には一升しか入らぬと臣民思うているが、豆一升入れて粟《あわ》入れることできるのざぞ。その上《うえ》に水ならばまだ入るのざぞ。神ならばその上《うえ》にまだいくらでも入るのざぞ。

神がうつりたら、人が思わぬことできるのざぞ。今度は千人力与えると申してあろが。

江戸の仕組、世の終わりぞ。

天拝《てんおろが》めよ。地拝《つちおろが》めよ。まつわれよ。

秋の空グレンと申してあろがな。冬も春も夏も気つけてくれよ。

十一月十三日《にち》

日津久神《ひつくのかみ》

第二十四帖　（一九七）

ここに伊耶那岐命《いざなきのみこと》、伊耶那美命《いざなみのみこと》は沼矛《ぬほこ》、沼陰《ぬほと》、組み組みて国生みせなと宣《の》り給《たま》いき。伊耶那岐命《いざなきのみこと》、伊耶那美命《いざなみのみこと》、息合わし給いて、アウ、あうと宣らせ給いて、国生み給いき。

九十《こと》の初め、気つけてくれよ。夜明《よ》けたら、命《いのち》神にいただいたと申してあろがな。日あるうちは、ことごとに日の御用せよ。月あるうちは、ことごとに月の神の御用せよ。それがまことの臣民ぞ。

生活、心配するでないぞ。

こと分けて申せば今の臣民すぐはできぬであろが、初めは六分《ろくぶ》国のため四分《しぶ》自分のため、次は七分《しちぶ》国のため三分《さんぶ》自分のため、次は八分《はちぶ》国のため二分《にぶ》自分のためというようにしてくれよ。これはまだ自分あるのざぞ。自分なくならねばならぬのざぞ。神人《かみひと》一つになるのざぞ。

十一月二十日《にち》

日津久神《ひつくのかみ》

第二十五帖　（一九八）

初め日月《ひつき》の国生み給《たま》いき。日の国生み給いき。月の国生み給いき。次、地生《くに》み給いき。

神に厄介《やっかい》掛けぬようにせねばならんぞ。神が助けるからと申して、臣民、懐手《ふところで》していてはならんぞ。力の限り尽さなならんぞ。

日月《ひつき》と日とは違うのざぞ。臣民一日《にち》に二度食べるのざぞ。朝は日の神様に供えてからいただけよ。夜《よ》は月の神様に捧げてからいただけよ。それがまことの益人《ますひと》ぞ。

十一月二十一日《にち》

日津久神《ひつくのかみ》

第二十六帖　（一九九）

㋰㋒㋒ウウにアエオイウざぞ。昔の世の元ぞ。㋐㋳㋻ヤワあるぞ。世の元ぞ。サタナハマからあるぞ。一柱《ひとはしら》、二柱《ふたはしら》、三柱《みはしら》、五柱《いつはしら》、七柱、八柱、九柱、十柱と申してあろがな。五十九の神、七十五柱これで分かりたか。㋰は・ざぞ。・には裏表《うらおもて》上下《うえした》あるのざぞ。

冬の先、春とばかりは限らんと申してあること、忘れるなよ。用意せよ。冬に桜咲くぞ。

十一月二十二日《にち》

日津久神《ひつくのかみ》

第二十七帖　（二〇〇）

神の国は生きているのざぞ。国土拝《くにつちおろが》めよ。神の肉体ぞ。神の魂《たま》ぞ。

道は真直《ます》ぐとばかり思うなよ。曲がって真直ぐであるぞ。人の道は無理に真直ぐにつけたがるなれど、曲がっているのが神の道ぞ。曲がって真直ぐいのざぞ。人の道も同じであるぞ。

足下から鳥立つぞ。いよいよが近づいたぞ。

世の元と申すものは、泥の海でありたぞ。その泥から神がいろいろのもの一《ひ》二《ふ》三《み》で、息吹《いぶき》で生みたのぞ。人の知では分からぬことざぞ。

目は丸いから丸く見えるのざぞ。この道理分かりたか。一度《いちど》はドロドロにこね回さなならんのざぞ。

臣民はどない申しても近欲《ちかよく》ざから、先見えんから欲ばかり申しているが、神は持ち切れないほどの物与えているでないか。いくら貧乏だとて犬猫とは桁違うがな。それで何、不足申しているのか。まだまだ天地《てんち》へ取り上げるぞ。日々《にちにち》取り上げていること分からんか。神が大難を小難にして、神々様、御《ご》活動になっていること、目に見せても分からんか。

天地《てんち》でんぐり返るぞ。やがては富士晴れるぞ。富士は晴れたり、日本晴れ。

元の神の代《よ》に返るぞ。

日の巻終わりて、月の巻に移るぞ。いよいよ一二三が多くなるから、今までに出していた筆、よく腹に入れておいてくれよ。知らせねばならず、知らしては仕組成就せず、臣民早う洗濯して鏡に映るようにしてくれよ。今の世、地獄と分かっているであろうがな。今のやり方、悪いと分かっているであろうがな。神祭れと申すのぞ。外国には外国の神あると申してあろうが。御《み》戦進めて外国に行った時は、まずその国の神祭らねばならんぞ。祭るとはまつろうことと申してあろうが。鉄砲や知では悪くするばかりぞ。神まず祭れとくどう気つけてあるのは、日本ばかりではないぞ。この方《ほう》の申すこと、小さく取りては見当取れんと申してあろうがな。三千世界のことぞ。日本ばかりがかあいいのではないぞ。世界の臣民、皆我《わ》が子ぞ。分け隔てないのざぞ。

この筆読みて聞かしてくれよ。読めば読むほど明るくなるぞ。富士晴れるのざぞ。神の心晴れるのざぞ。あら楽し世ぞ。

十一月二十三日《にち》

日《ひ》津《つ》久神《くのかみ》

第二十八帖　（二〇一）

岩戸開《あ》けたり、日本晴れ。富士光るぞ。

この巻、役員読むものぞ。

世の元と申すものは、火であるぞ、水であるぞ。雲出て、地《くに》となったぞ。出雲《いずも》とは、この地《くに》のことぞ。

素《す》戔《さ》嗚神《なるのかみ》は、この世の大神様ぞ。はじめは◎《うず》であるなり。動いて月となり地《くに》となりたのざぞ。アは◎（日月地神《ひつきくにのかみ》）様なり。(ワヤ)《ヨ》は月の神様ぞ。地《くに》の神様は素《す》戔《さ》嗚神《なるのかみ》様ぞ。このこと、初めに心に入《い》れれば掃除たわいないぞ。

グレンとは上下《うえした》返ることと申してあろがな。言うてはならぬことぞ。言わねばならぬことぞ。

天之日津久神《あめのひつくのかみ》

第二十九帖　（二〇二）

一日一日《ひとひひとひ》、みことの世となるぞ。神のこと言うより、みことないぞ。もの言うなよ。みこと言うのざぞ。みこと神ざぞ。道ぞ。アぞ。世変わるのぞ。何も激しく引き上げぞ。戦も引き上げぞ。役に不足申すでないぞ。

光食えよ。息ざぞ。
素戔鳴尊《すさなるのみこと》、祭りくれよ。急ぐぞ。海原《うなばら》とはこの地《くに》ぞ。

十一月二十五日

日津久神《ひつくのかみ》

第三十帖　（二〇三）

淤能碁呂《おのころ》の国成り、この国に降《お》りまして、天《あめ》との御《み》柱見立て給《たま》いき。

ここに伊耶那岐命《いざなきのみこと》、伊耶那美命《いざなみのみこと》、島生み給いき。

初めに水蛭子《ひるこ》、淡島《あわしま》生み給いき。

この御《み》子、国のうちに隠れ給いければ、次に宣《の》り言《ごち》てのち、生み給える御《み》子、淡道之穂之狭別島《あわぢのほのさわけしま》、伊予之二名島《いよのふたなしま》。この島、愛比売《えひめ》、飯依比古《いいよりひこ》、大宜都比売《おおけつひめ》、建依別《たてよりわけ》という。

次、隠伎之三子島《おきのみつごのしま》、天之忍許呂別《あまのおしころわけ》。

次、筑紫島《つくししま》。この島、白日別《しらひわけ》、豊日別《とよひわけ》、建日向日豊久士比泥別《たけひむかひとよくづひぬわけ》、建日別《たてひわけ》。

次、伊岐島《いきのしま》、天比登都柱《あめひとつはしら》。

次、津島《つしま》、天狭手依比売《あめのさでよりひめ》。

次、佐渡島《さどのしま》。

次、大倭豊秋津島《おおやまとあきつしま》、天御虚空豊秋津根別《あまつみそらとよあきつねわけ》。

次、吉備児島《きびのこじま》、建日方別《たてひかたわけ》。

次、小豆島《あづきしま》、大野手比売《おほうでひめ》。

次、大島《おおしま》、大多麻流別《おおたまるわけ》。

次、女島《ひめしま》、天一根《あめひとつね》。

次、知訶島《ちかのしま》、天之忍男《あめのおしお》。

次、両児島《ふたごしま》、天両屋《あめふたや》。

二島《にしま》、八島《やしま》、六島《むしま》、合わせて十六島生み給いき。

次にまた宣り給いて、大島《オオシマ》、小島《コシマ》、生み給いき。

淡道島《アワヂシマ》、二名島《フタナシマ》、隠伎之島《オキノシマ》、筑紫島《ツクシノシマ》、伊岐島《イキノシマ》、津島《ツシマ》、佐渡島《サドノシマ》、大倭島《オオヤマトシマ》、児《コ》島《ジマ》、小豆島《アヅキシマ》、大島《オオシマ》、女島《ヒメシマ》、知訶島《チカノシマ》、両児島《フタコシマ》の十四島、島生みましき。

次に、息吹《いぶ》き息吹《いぶ》きて、御子神《みこがみ》生み給いき。

大事忍男神《おおことおしをのかみ》、大事忍男神《オホコトオシヲノカミ》。石土毘古神《いしつちひこのかみ》、石土毘古神《イシツチヒコノカミ》。石巣比売神《いしすひめのかみ》、石巣比売神《イシスヒメノカミ》。大戸日別神《おおとひわけのかみ》、大戸日別神《オホトヒワケノカミ》。天之吹男神《あめのふきをのかみ》、天之吹男神《アマノフキヲノカミ》。大屋毘古神《おおやひこのかみ》、大屋毘古神《オホヤヒコノカミ》。風木津別之忍男神《かさけつわけのおしをのかみ》、風木津別之忍男神《カサケツワケノオシヲノカミ》。

海神《わたのかみ》、海神《ワタノカミ》、大綿津見神《おほわたつみのかみ》。水戸神《みなとのかみ》、水戸神《ミナトノカミ》、速秋津日子神《はやあきつひのかみ》、速秋津比売神《はやあきつひめのかみ》、速秋津比売神《ハヤアキツヒメノカミ》。

風神《かぜのかみ》、風神《カゼノカミ》、志那都比古神《しなつひこのかみ》。木神《きのかみ》、木神《キノカミ》、久久能智神《くくのちのかみ》。山神《やまのかみ》、山神《ヤマノカミ》、大山津見神《おほやまつみのかみ》。野神《ぬのかみ》、野神《ヌノカミ》、鹿屋野比売神《かやぬひめのかみ》、野椎神《ぬつちのかみ》。

鳥之石楠船神《とりのいわくすふねのかみ》、天鳥船神《あめのとりふねのかみ》。大宜都比売神《おおけつひめのかみ》、大宜都比売神《オホケツヒメノカミ》。火之夜芸速男神《ひのやきはやおのかみ》、火之炫毘古神《ひのかがひこのかみ》生みましき。

速秋津日子《はやあきつひこ》、速秋津比売《はやあきつひめ》、二柱の神、河海《かわうみ》により持ち分け、言分けて生ませる神、沫那芸神《あわなぎのかみ》、沫那美神《あわなみのかみ》、頬那芸神《つらなぎのかみ》、頬那美神《つらなみのかみ》、天之水分神《あめのみくまりのかみ》、国之水分神《くにのみくまりのかみ》、天之久比奢母智神《あめのくひざもちのかみ》、国之久比奢母智神《くにのくひざもちのかみ》。

次に、大山津見神《おおやまつみのかみ》、野椎神《ぬつちのかみ》の二柱神、山野《やまの》により持ち分けて、言挙げて生みませる神、天野狭土神《あめのさつちのかみ》、国之狭土神《くにのさつちのかみ》、天之狭霧神《あめのさぎりのかみ》、国之狭霧神《くにのさぎりのかみ》、天之闇戸《あめのくらとの》神《かみ》、国之闇戸神《くにのくらとのかみ》、大戸或子神《おほとまどひこのかみ》、大戸或女神《おほとまどひめのかみ》、大戸或子神《オオトマドヒコノカミ》、大戸或女神《オオトマドヒメノカミ》生みましき。

伊耶那美神《いざなみのかみ》、病みこやしまして、吐《たぐ》りに成りませる神、金山毘古神《かなやまひこのかみ》、金山毘《かなやまひ》売神《めのかみ》。糞《くそ》に成りませる神、波邇夜須毘古神《はにやすひこのかみ》、波邇夜須毘売神《はにやすひめのかみ》。尿《ゆまり》に成りませる神、弥都波能売神《みつはのめのかみ》、和久産巣日神《わくむすびのかみ》。この神の御《み》子、豊宇気毘売神《とようけひめのかみ》と申す。

ここに伊耶那美神《いざなみのかみ》、火の神生み給いて、ひつちと成り成り給いて、根の神の中の国に神去り給いき。

ここに伊耶那岐神《いざなきのかみ》、泣き給いければ、その涙に成りませる神、泣沢女神《なきさわめのかみ》。

ここに迦具土神《かぐつちのかみ》斬り給えば、その血《ち》石《いわ》にこびりて石析神《いわさくのかみ》、根析神《ねさくのかみ》、石筒之男神《いわつつのおのかみ》、甕速日神《みかはやひのかみ》、樋速日神《ひはやひのかみ》、建御雷之男神《たけみかつちのおのかみ》、建布都神《たけふつのかみ》、豊布都神《とよふつのかみ》。御刀《みはかし》の手上《たがみ》の血、闇淤加美神《くらおかみのかみ》、闇御津羽神《くらみつはのかみ》。

ここに殺されし迦具土の御頭《みかしら》に成りませる神、正鹿山津見神《まさかやまつみのかみ》、御《み》胸に淤縢山津見神《おとやまつみのかみ》、御《み》腹に奥山津見神《おくやまつみのかみ》、御陰《みほと》に闇山津見神《くらやまつみのかみ》、左の御《み》手に志芸山津見神《しきやまつみのかみ》、右《みぎり》の御《み》手に羽山津見神《はやまつみのかみ》、左の御《み》足に原山津見神《はらやまつみのかみ》、右《みぎり》の御《み》足に戸山津見神《とやまつみのかみ》成りましき。

ここに斬り給える御刀《みはかし》、天之尾羽張《あめのおはばり》、伊都之尾羽張《いづのおはばり》という。

ここに妹《いも》恋しまし給いて、根の国に追い往《い》で給いき。

十一月二十五日夜《ひよ》

日津久神《ひつくのかみ》

第三十一帖　（二〇四）

一《ひと》二《ふた》三《み》四《よ》五《いつ》六《む》七《なな》八《や》 九《ここの》十《たり》百《もも》千《ち》卍《よろず》。

今度は千人万人力でないと手柄できんと申してあろがな。

世界中、総掛かりで攻めてくるのざから、一度はあるにあられんことになるのざぞ。大将だからとて油断できん。富士の山動くまでには、どんなことも堪《こら》えねばならんぞ。上辛《うえつら》いぞ。どんなことあっても死に急ぐでないぞ。

今の大和魂《やまとだましい》と神の魂《たましい》と違うところあるのざぞ。その時、その所によりて、どんなにも変化《へんげ》るのが神の魂《たましい》ぞ。馬鹿正直ならんと申してあろ。

今日《きょう》あれし命《いのち》、勇む時来たぞ。

十一月二十六日《にち》

日津久神《ひつくのかみ》

第三十二帖　（二〇五）

表《おもて》ばかり見ていては何も分かりはせんぞ。月の神様祭りてくれよ。この世の罪穢《けが》れ負いて、夜《よ》となく昼となく守りくださる素戔鳴《すさなおのかみ》神様、篤《あつ》く祭りくれよ。火あって水動くぞ。水あって火燃ゆるぞ。火と水と申しておいたが、水のほかに、隠れた火と水あるぞ。それを一二三《ひふみ》というぞ。一二三とは、一二三ということぞ。言葉ぞ。言霊《ことだま》ぞ。祓《はら》いぞ。禊《みそぎ》ぞ。◎《うず》ぞ。素戔鳴《すさなる》の仕組ぞ。成り成る言葉ぞ。今の三位一体《さんみいったい》は三位三体《さんみさんたい》ぞ。一《ひ》と現れて二三《ふみ》隠れよ。二《ふ》と三《み》の神様の御《ご》恩、忘れるでないぞ。御《おん》働き近づいたぞ。

十一月二十七日《にち》

日津久神《ひつくのかみ》

第三十三帖　（二〇六）

宝の山に攻め寄せくると申して、くどう気つけておいたでないか。神の国にはどんな宝でもあるのざぞ。☉《かみ》の国、昔から宝埋《い》けておいたと申してあろがな。〇《かみ》の国にも宝埋《い》けておいてあるのざぞ。

この宝は、神が許さな誰にも自由にはさせんのざぞ。悪が宝取ろうと思ったとて、どんなに国に渡りてきても、どうにもならんように神が守っているのざぞ。いよいよとなりたら神がまことの神力《しんりき》出して、宝取り出して、世界のどんな悪神《あくがみ》も神の国には敵《かな》わんと申すところまで、とことん心から降参するところまで今度は戦するのざから、臣民よほど見当取れんことに、どんな苦労もこばらならならんのざぞ。

知らしてありたこと、日々《にちにち》ドシドシと出てくるぞ。我《われ》よし捨ててくれよ。

十一月二十八日

日津久神《ひつくのかみ》

第三十四帖　（二〇七）

この筆、よく読みてくれよ。早合点《はやがてん》してはならんぞ。取り違いが一番怖いぞ。どうしたらお国のためになるのぞ、自分はどうしたらよいのぞと取り次ぎに聞く人たくさんに出てくるなれど、この筆読めばどうしたらよいか分かるのざぞ。その人相当に取れるのぞ。筆読んで読んで腹に入れて、もう分からぬということないのざぞ。分からねば神知らすと申してあろがな。迷うのは筆読まぬからぞ。腹に入れておらぬからぞ。

人が悪く思えたり、悪く映るのは己が曇りているからぞ。

十一月の二十九日《にち》

日津久神《ひつくのかみ》

第三十五帖　（二〇八）

元からの筆腹に入れた人が、これから来る人によく話してやるのざぞ。この道、初めは辛《つら》いなれど楽の道ぞ。骨折らいでも素直にさえして、その日その日の仕事しておりてくだされよ。心配いらん道ぞ。手柄立てようと思うなよ。勝とうと思うなよ。生きるも死ぬるも神の心のままざぞ。どこにいてどんなことしていても、助ける人は助けるのざぞ。神の御用ある臣民、安心して仕事いたしておりてくだされよ。火降《ふ》りても槍降《やりふ》りてもビクともせんぞ。心《こころ》安心ぞ。くよくよするでないぞ。神に頼りて神祭りてまつわりておれよ。神救うぞ。

十一月の二十九日《にち》

日津久神《ひつくのかみ》

第三十六帖　（二〇九）

今の臣民見て褒めるようなことは、皆奥知れているぞ。これが善である、まことのやり方ぞと思っていること、九分九厘《くぶくりん》までは皆悪のやり方ぞ。今の世のやり方見れば分かるであろうが。

上《かみ》の番頭殿、悪い政治すると思ってやっているのではないぞ。番頭殿を悪く申すのでないぞ。善い政治しようと思ってやっているのぞ。善いと思うことに精出しているのざが、善ざと思うことが善でなく、皆悪ざから、神の道が分からんから、身魂曇りているから、臣民困るような政治になるのぞ。

まつりごとせなならんぞ。分からんことも神の申すとおりすれば、自分では分からんことも良くなっていくのざぞ。悪と思っていることに善がたくさんあるのざぞ。人裁くのは神裁くことざぞ。

怖いから改心するようなことでは、戦がどうなるかと申すようなことでは、まことの民ではないぞ。

世がいよいよのとことんとなったから、今に大神様まで悪く申す者出てくるぞ。産土様《うぶすな》なんぞあるものかと、悪神《あくがみ》ばかりぞと申す者たくさんに出てくるぞ。

この世始まってない時ざから、我《わ》が身や我《わ》が家《いえ》がかあいいようでは、神の御用務まらんぞ。神の御用すれば、道に従えば、我《わ》が身、我《わ》が家《いえ》は心配なくなるという道理分からんか。何もかも結構なことに、楽にしてやるのざから、心配せずに分からんことも素直に言うこと聞いてくれよ。子に嘘つく親はないのざぞ。

神界のこと知らん臣民は、いろいろと申して理屈の悪魔に囚われて申すが、今度のいよいよの仕組は臣民の知りたことではないぞ。神界の神々様にも分からん仕組ざから、兎《と》や角《かく》申さずと神の筆腹に入れて、身魂磨いて素直に聞いてくれよ。それが第一等ざぞ。

この筆は世に出ている人では解けん。苦労に苦労した落ちぶれた人で、苦労に負けぬ人で、気違いと言われ阿呆と言われても、神の道素直に聞く臣民でないと解けんぞ。解いてよく噛《か》み砕いて、世に出ている人に知らしてやりてくだされよ。
苦労喜ぶ心より、楽喜ぶ心高いぞ。
十一月二十九日《にち》
日津久神《ひつくのかみ》

第三十七帖　（二一〇）

天《てん》にも天照皇大神《あまてらすすめおおかみ》様、天照大神《あまてらすおおかみ》様あるように、地《ち》にも天照皇大神《あまてらすすめおおかみ》様、天照《あまてらす》大神《おおかみ》様あるのざぞ。地《ち》にも月読大神《つきよみのおおかみ》様隠れてござるのざぞ。素戔鳴大神《すさなるのおおかみ》様、罪穢《けが》れ祓《はら》いて隠れてござるのざぞ。

結構な尊い神様の御《おん》働きで、何不自由なく暮らしていながら、その神様あることさえ知らぬ臣民ばかり。これでこの世が治まると思うてか。神々祭りて神々にまつわりて神国《かみぐに》のまつりごといたしてくれよ。

つまらぬこと申していると、いよいよつまらぬことになりてくるぞ。

十一月の三十日《にち》

日津《ひつ》久神《くのかみ》知らすぞ

第三十八帖　（二一一）

大きアジアの国々や　島々八十《やそ》の人々と
手握り合い神国《かみぐに》の　光り輝く時来《き》しと
皆喜びて三千年　神の御業《みわざ》の時来《き》しと
思える時ぞ神国《かみぐに》の　まこと危《あぶ》なき時なるぞ
夜半《よは》に嵐のどっと吹く　どうすることもなくなくに
手足縛られ縄つけて　神の御子《みこ》等を連れ去られ
あとには年寄り片輪《かたわ》のみ　女《おみな》子供も一時《ひととき》は
神の御《み》子たる人々は　ことごと暗い臭《くさ》い屋《や》に
暮らさなならん時来るぞ　宮は潰《つぶ》され御文《みふみ》皆

火にかけられて灰となる　この世の終わり近づきぬ
この筆心に入れくれと　申してあること分かる時
いよいよ間近になりたぞよ　出掛けた船ぞ褌《ふんどし》締めよ

十一月三十日《にち》

日津久神《ひつくのかみ》

第三十九帖　（二一二）

喜べば喜ぶことできるぞ。悔やめば悔やむことできるぞ。先の取り越し苦労は要らんぞ。心配《くば》りは要るぞと申してあろがな。神が道つけて楽にゆけるように、嬉し嬉しで、どんな戦も切り抜けるようにしてあるのに、臣民逃げて目塞《ふさ》いで懐手《ふところで》しているから、苦しむのぞ。我《われ》よしという悪魔と学が邪魔していることに、まだ気づかぬか。嬉し嬉しで暮らせるのざぞ。
日本の臣民は、何事も見え透《す》く身魂、授けてあるのざぞ。神の御子《み》ざぞ。掃除すれば、何事もはっきりと映るのぞ。早う分からねば悔しいことできるぞ。言葉とこの筆と心と行いと時の動きと、五つ揃《そろ》たらまことの神の御子《み》ぞ。神ぞ。

十一月の三十日《にち》

日津久神筆《ひつくのかみふで》

第四十帖　（二一三）

ここに伊耶那美命《いざなみのみこと》、語らいつらく、吾《あ》れ汝《みまし》と創れる国、未《いま》だ創り終えねど、時待ちて創るえに、よいよ待ちてよと宣《の》り給《たま》いき。

ここに伊耶那岐命《いざなきのみこと》、汝《みまし》創らわねば吾疾《と》く創らめと宣り給いて、帰らんと申しき。

ここに伊耶那美命《いざなみのみこと》、是《こ》聞き給いて、御頭《みかしら》に大雷《おほいかつち》、大雷《オヲイカツチ》、胸に火雷《ほのいかつち》、火雷《ホノイカツチ》、御《み》腹には黒雷《くろいかつち》、黒雷《クロイカツチ》、隠《かく》れに析雷《さくいかつち》、析雷《サクイカツチ》、左の御《み》手に若雷《わきいかつち》、若雷《ワキイカツチ》、右《みぎり》の御《み》手に土雷《つちいかつち》、土雷《ツチイカツチ》、左の御《み》足に鳴雷《なるいかつち》、鳴雷《ナルイカツチ》、右《みぎり》の御《み》足に伏雷《ふしいかつち》、伏雷《フシイカツチ》成り給いき。

伊耶那岐命《いざなきのみこと》、是見《こみ》、畏みて疾《と》く帰り給えば、妹伊耶那美命《いもいざなみのみこと》は、予母都志許売《よもつしこめ》を追わしめき。

ここに伊耶那岐命《いざなきのみこと》、黒髪鬘《くろかみかづら》取り、また湯津津間櫛《ゆつつまぐし》引きかきて、投げ打て給いき。

伊耶那美命《いざなみのみこと》、この八種《やくさ》の雷神《いかづちかみ》に黄泉軍《よもついくさ》添えて追い給いき。

ここに伊耶那岐命《いざなきのみこと》、十挙剣《とつかのつるぎ》抜きて後手《しりえで》に振きつつ去り、三度《みたび》、黄泉比良坂《よもつひらさか》の坂本に至り給いき。

坂本なる桃の実、一二三《ひふみ》取りて待ち受け給いしかば、ことごとに逃げ給いき。

ここに伊耶那岐命《いざなきのみこと》、桃の実に宣り給わく、汝《みまし》、吾助けし如《ごと》、あらゆる青人草《あおひとくさ》の憂《う》き瀬に悩むことあらば助けてよと宣り給いて、また葦原中国《あしはらのなかつくに》にあらゆる現《うつ》しき青人草《あおひとくさ》の憂《う》き瀬に落ちて苦しまん時に助けてよと宣り給いて、意富加牟豆《おほかむづ》美命《みのみこと》、意富加牟豆美命《オホカムヅミノミコト》と名づけ給いき。

ここに伊耶那美命《いざなみのみこと》、息吹《いぶ》き給いて千引石《ちびきいわ》を黄泉比良坂《よもつひらさか》に引き添えて、その石《いし》中《なか》にして合い向かい立たして、慎み申し給いつらく、美しき吾が那勢命《なせのみこと》、時巡りくる時あれば、この千引の岩戸、共に開《あ》けなんと宣り給えり。

ここに伊耶那岐命《いざなきのみこと》、しかよけんと宣り給いき。

ここに妹伊耶那美命《いざなみのみこと》、汝《みまし》の国の人草《ひとくさ》、日に千人《ちひと》罷《ま》けと申し給いき。

伊耶那岐命《いざなきのみこと》、宣り給わく、吾は一日《ひとひ》に千五百《ちいほ》生まなんと申し給いき。

この巻、二つ合わして日津久《ひつく》（日月）の巻とせよ。

十一月三十日《にち》

日津久神《ひつくのかみ》

第七巻　日の出の巻　全二十三帖

自　昭和十九年十二月　一日
至　昭和十九年十二月二十九日

第一帖　（二一四）

春とならば萌え出《い》づるのぞ。草木ばかりでないぞ。何もかも萌え出《い》づるのぞ。この方《ほう》の申すこと、たとえでないと申してあろが。少しは分かりたか。石もの言う時来たぞ。この道早う知らしてくれよ。

岩戸は五回閉められているのざぞ。那岐《なき》、那美《なみ》の命《みこと》の時、天照大神《あまてらすおおかみ》の時、神武《じんむ》天皇の時、仏《ほとけ》来た時と、大切なのは素戔鳴神《すさなるのかみ》様に罪着せした時。その五度《たび》の岩戸閉めであるから、この度の岩戸開《びら》きはなかなかに大層と申すのぞ。

いよいよ厳しくなってきたが、これからが正念場ざぞ。否《いや》でも応でも裸にならならんぞ。裸ほど結構なものないこと、だんだん分かりてくるぞ。

十二月一日《にち》

日津久神《ひつくのかみ》

第二帖　（二一五）

今年は神界の基《もと》の年ぞ。神始めの年と申せよ。一二三《ひふみ》、三四五《みよいづ》、五六七《みろく》ぞ。五《ご》の年は子《ね》の年ざぞよ。取り違いせんようにせよ。月、日の巻、十人と十人の役員に見せてやりてくれよ。時節到来したのであるぞ。

桜咲き神の御国《みくに》は明《あ》け初《そ》めにけり

十二月二日《か》

日津久神《ひつくのかみ》知らす

第三帖　（二一六）

次の世とは月の世のことざぞ。一二《ひつき》の二《つき》の世ぞ。日月《ひつき》の月《つき》の世ぞ。取り違いせんようにいたしてくれよ。知や学がありては邪魔になるぞ。なくてもならぬ難しい仕組ざぞ。

月の神様、祭りてくれよ。素戔鳴神《すさなるのかみ》様祭りてくれよ。今に分かることぞ。日暮れ良くなるぞ。日暮れに祭りくれよ。十柱《とはしら》揃《そろ》うたら祭りくれいと申してあろがな。神急《せ》けるのざぞ。

十二月の二日《か》

日津久神筆《ひつくのかみふで》

第四帖　（二一七）

九、十月八日《か》、十八日《にち》、五月五日《か》、三月三日《か》はいくらでもあるのぞと申してあろが。この日は臣民には怖い日であれど、神には結構な日ざぞと申してあろが。神心《かみごころ》になれば、神とまつわれば、神とあななえば臣民にも結構な日となるのぞ。その時は五六七《みろく》の世となるのざぞ。桜花《さくらばな》一度にどっと開《ひら》く世となるのざぞ。神激しく臣民静かな御世《み》となるのざぞ。日《ひ》にち毎日、富士晴れるのざぞ。臣民の心の富士も晴れ晴れと、富士は晴れたり日本晴れ、心晴れたり日本晴れぞ。

十二月二日《か》

日津久神《ひつくのかみ》

第五帖（二一八）

右《みぎり》にゆかんとする者と、左にゆかんとする者と結ぶのが◎《うず》の神様ぞ。◎の神様とは素戔鳴大神様《すさなるのおおかみ》ざぞ。この御働《おん》きによりて命現《いのちあ》れるのぞ。力生まれるのざぞ。◎が祭りであるぞ。神国《しんこく》の祭り、◎であるぞ。神はその全《まった》き姿ぞ。神の姿ぞ。男《おとこ》の魂《たま》は女《おみな》、女《おみな》の魂《たま》は男《おとこ》と申して知らしてあろがな。

十二月の三日《か》

日津久神《ひつくのかみ》

第六帖　（二一九）

神界のことは、人間には見当取れんのであるぞ。学でいくら極めようとて分かりはせんのざぞ。学もなくてはならぬが、囚われると悪となるのざぞ。下《しも》の神々様には現界のことは分かりはせんのざぞ。分からぬ神々に使われている肉体、気の毒なから、身魂《みたま》磨け磨けとくどう申しているのざぞ。

三、四月に気つけてくれよ。どえらいことできるから、どうしても磨いておいてくだされよ。それまでに型しておいてくれよ。

十二月五日《か》

日津久神《ひつくのかみ》

第七帖　（二二〇）

オロシヤに上がりておりた極悪の悪神《あくがみ》、いよいよ神の国に攻め寄せてくるぞ。北に気つけと、北がいよいよのギリギリざと申して、くどう気つけてありたこと、近うなりたぞ。

神に縁《えん》深い者には、深いだけに見せしめあるのざぞ。国々もそのとおりざぞ。神には依怙《えこ》ないのざぞ。

ロシヤの悪神《あくがみ》の御《おん》活動と申すものは、神々様にもこれは到底敵《かな》わんと思うように激しき御《おん》力ぞ。臣民というものは神の言葉は分からんから、悪神《あくがみ》のことに御《おん》とつけるのは分からんと申すであろうが、御《おん》とは力一杯のこと、精一杯のことを申すのであるぞ。

どこから攻めてきても、神の国には悪神《あくがみ》には分からん仕組いたしてあるから、心配ないのざぞ。いよいよとなりた時には、神がまことの神力《しんりき》出して、天地《てんち》揺すぶって、とことん降参ざと申すところまでギュウギュウと締めつけて、万劫末《まんごうまつ》代《だい》言うこと聞きますと改心するとこまで揺すぶるから、神の国、神の臣民心配いたすでないぞ。心大きく御用してくれよ。どこにいても御用している臣民助けてやるぞ。

十二月六日《か》

日《ひ》津《つ》久《く》神《のかみ》

第八帖　（二二一）

一二三《ひふみ》の食べ物に病ないと申してあろがな。一二三の食べ方は一二三唱えながら噛むのざぞ。四十七回噛んでから飲むのざぞ。これが一二三の食べ方、いただき方ざぞ。神に供えてからこの一二三の食べ方すればどんな病でも治るのざぞ。皆の者に広く知らしてやれよ。心の病は一二三唱えることによりて治り、肉体の病は四十七回噛むことによって治るのざぞ。心も身も分け隔てないのであるが、分かるように申して聞かしているのざぞ。取り違いいたすでないぞ。

日本の国は、この方《ほう》の肉体と申してあろがな。どんな宝も隠してあるのざぞ。神の御用なら、いつでもどんなものでも与えるのざぞ。心大きく持ちてドシドシやりてくれよ。円居《まどい》作るなと申せば、バラバラでいるが、裏には裏あると申してあろが。心配《くば》れよ。

十二月七日《か》

日津久神筆《ひつくのかみふで》

第九帖　（二二二）

人、神とまつわれば嬉し嬉しぞ。まつわれば人でなく神となるのぞ。それがまことの神の世ぞ。神は人にまつわるのざぞ。・と〇と申してあろが。戦も・と〇と壊し合うのではないぞ。・と〇とまつろうことぞ。岩戸開《ひら》く一つの鍵ざぞ。和すことぞ。神国《かみぐに》真中に和すことぞ。それには、〇掃除せならんぞ。それがこの度の戦ぞ。

戦の大将が神祭らねばならんぞ。二四《にし》は剣《つるぎ》ざぞ。神祭りは神主ばかりするのではないぞ。剣《つるぎ》と鏡と祭らななならんぞ。まつわれば玉《たま》となるのざぞ。玉《たま》なくなっているると申して知らしてあろがな。

政治も教育も経済の大将も、神祭らねばならんのぞ。天《てん》の天照皇大神《あまてらすすめおおかみ》様は更なり、天《てん》の大神様、地《くに》の天照大神《あまてらすおおかみ》様、天照皇大神《あまてらすすめおおかみ》様、月の神様、特に篤《あつ》く祭りくれよ。月の大神様御出《おんい》でまして、闇《やみ》の夜《よ》は月の夜《よ》となるのざぞ。素戔嗚大神《すさなるのおおかみ》様も篤《あつ》く祭りてくれよ。この神様には、毎夜《よ》毎日お詫びせなならんのざぞ。この世の罪穢《けが》れ負われて、陰《かげ》から守護されてござる尊い御《おん》神様ぞ。地《ち》の御《おん》神様ぞ。土の神様ぞ。祓《はら》い清めの御《おん》神様ぞ。国々の産土《うぶすな》の神様祭りくれよ。

遅くなればなるほど苦しくなるのざぞ。人ばかりでないぞ。

十二月八日《か》

日津久神《ひつくのかみ》

第十帖　（二一三）

桜咲き神の御国《みくに》は明《あ》け初《そ》めにけり

十月になったらボツボツ分かるぞと申してあろがな。はたきかけてバタバタと叩《はた》くとこもあるぞ。箒《ほうき》で掃くとこもあるぞ。雑巾《ぞうきん》掛けしたり水で流す所もあるのざぞ。掃除始まったらバタバタに埒《らち》つくと申してあろがな。巡りだけのことは、今度はどうしても借銭なしにするのざぞ。花咲く人もあるぞ。花散る人もあるぞ。天之日津久神《あめのひつくのかみ》の御神名書かすぞ。それを皆の者に分けてやれよ。聞きたいことは審神者《さにわ》で聞けよ。どんなことでも聞かしてやると申してあろがな。神急《せ》けるぞ。火吹くぞ。火降《ふ》るぞ。

十二月十日《か》

日津久神《ひつくのかみ》

第十一帖　（二二四）

江戸に道場作れよ。まず一二三《ひふみ》唱えさせよ。筆読みて聞かせよ。鎮魂《みたましずめ》せよ。鎮神《かみしずめ》せよ。十回で一通り分かるようにせよ。神祭りてその前でせよ。神がさすのであるからドシドシと運ぶぞ。まことの益人《ますひと》作るのぞ。こんなこと申さいでもやらねばならぬことざぞ。

神は一人でも多く救いたさに夜《よ》も昼も総活動していること、分かるであろうがな。神懸《かみかか》れる人早う作るのぞ。身魂洗濯するのぞ。神懸《かみがか》りと申しても、狐憑《きつねつ》きや天狗憑《てんぐつ》きや行者のような神懸《かみがか》りでないぞ。まことの神懸《かみがか》りであるぞ。役員早く取り掛かりくれよ。

十二月十一日《にち》

日津久神《ひつくのかみ》

第十二帖　（二二五）

日に日に厳しくなりてくると申してありたこと、始まっているのであるぞ。まだまだ激しくなってどうしたらよいか分からなくなり、あちらへウロウロ、こちらへウロウロ、頼る所も着る物も住む家《いえ》も食う物もなくなる世に迫ってくるのざぞ。それぞれに巡りだけのことは、せならんのであるぞ。

早い改心は、その日から持ちきれないほどの神徳与えて、嬉し嬉しにしてやるぞ。寂《さび》しくなったら訪ねてござれと申してあろがな。洗濯次第でどんな神徳でもやるぞ。神はお蔭《かげ》やりたくてウズウズしているのざぞ。

今の世のさま見てもまだ分からんか。神と獣《けもの》とに分けると申してあろが。早うこの筆読み聞かして、一人でも多く助けてくれよ。

十二月十二日《にち》

日津久神《ひつくのかみ》

第十三帖　（二二六）

　これまでの仕組や信仰は、方便のものでありたぞ。今度は、しょうまつ（正味）の信仰であるぞ。神に真直ぐに向かうのざぞ。日向《ひむか》と申してあろがな。真《ま》上《うえ》に真直ぐに神をいただいてくれよ。斜めに神いただいても光はいただけるのであるが、横からでもお光はいただけるのであるが、道は真直ぐに、神は真上《まうえ》にいただくのが神国《かみぐに》のまことのお道であるぞ。方便の世は済みたと申してあろがな。理屈は悪ざと申して聞かしてあろが。

　今度はどうしてもしくじることできんのざぞ。神の仕組には狂いないなれど、臣民しくじると仕組遅れて、臣民いよいよ苦しまならんのざぞ。泥の海に臣民のたうち回らなならんのざぞ。神も泥海にのたうつのざぞ。甲斐《かい》ある御《ご》苦労ならいくらでも苦労甲斐あるなれど、泥海のたうちは臣民には、こばられんから、早う掃除して神の申すこと真直ぐに腹に入れてくれよ。斜めや横からいただくと、光だけ影が差すのざぞ。影差せば闇《やみ》となるのざぞ。

大きいものには大きい影が差すと臣民申して、やむを得ぬことのように思うているが、それはまことの神の道知らぬからぞ。影差してはならんのざぞ。影はあるが、それは影でないような影であるぞ。悪でない悪なると知らせてあろが。真上《まうえ》に真直ぐに神に向かえば、影はあれど影ないのざぞ。闇ではないのざぞ。この道理分かるであろがな。神の真道《まみち》は影ないのざぞ。いくら大きな木でも、真上《まうえ》に真直ぐに光いただけば、影ないのざぞ。しくじりないのざぞ。それで洗濯せよ掃除せよと申しているのぞ。神の真道《まみち》分かりたか。

　天《てん》にあるもの、地《ち》にも必ずあるのざぞ。天地《てんち》合わせ鏡と聞かしてあろがな。天《てん》にお日様あるように、地《ち》にもお日様あるのざぞ。天《てん》にお月様あるように、地《ち》にもお月様あるのざぞ。天《てん》にお星様あるように、地《ち》にもお星様あるのざぞ。天《てん》から息吹《いぶ》けば、地《ち》からも息吹《いぶ》くのざぞ。天《てん》に悪神《あくがみ》あれば、地《ち》にも悪神《あくがみ》あるのざぞ。

　足下気つけと申してあろがな。今の臣民、上《うえ》ばかり見て頭ばかりに上《のぼ》っているから、分からなくなるのざぞ。地《ち》に足つけよと申してあろが。地拝《ちおろが》めと、地《ち》にまつろえと申してあろが。地《ち》の神様忘れているぞ。下《した》の神様忘れているぞ。下《した》と申しても位の低い神様のことでないぞ。地《ち》の神様ぞ。地《ち》にも天照《あまてらすすめ》皇大神《おおかみ》様、天照大神《あまてらすおおかみ》様、月読大神《つきよみのおおかみ》様、素戔鳴大神《すさなおのおおかみ》様あるのざぞ。知らしてあること、筆よく読んでくだされよ。国土《くにつち》のこと、国土《くにつち》のまことの神をないものにしているから、世が治まらんのざぞ。神々祭れと申してあろがな。改心第一と申してあろがな。七人に伝えと申してあろがな。我《われ》よしは、ちょんぞ。

十二月十四日《か》　　日津久神《ひつくのかみ》

第十四帖　（二一七）

お日様、丸いのでないぞ。お月様も丸いのではないぞ。地球も丸いのではないぞ。人も丸いのが良いのではないぞ。息しているから丸く見えるのざぞ。働いているから丸く見えるのざぞ。皆、形ないもの言うぞ。息しているもの、皆丸いのざぞ。神の経済、このことから生み出せよ。大きくなったり小さくなったり、神の御《み》心どおりに働くものは、丸いのざぞ。丸い中にも芯あるぞ。神の政治、このことから割り出せよ。神はまつりごとの姿であるぞ。神の政治生きているぞ。人の政治死んでいるぞ。

十二月十五日《にち》

日津久神《ひつくのかみ》

第十五帖 （二二八）

十柱《とはしら》の神々様、奥山に祭りてくれよ。九柱でよいぞ。いずれの神々様も、世の元からの肉体持たれた生き通しの神々様であるぞ。この方《ほう》合わして十柱《とはしら》となるのざぞ。御《ご》神体の石集めさしてあろがな。篤《あつ》く祭りて、辛酉《かのととり》の日にお祭りしてくれよ。

病あるかないか、災難来るか来ないかは、手届くか届かないかで分かると申してあろがな。届くとは注ぐことぞ。手首の息と腹の息と首の息とホの息と頭の息と足の息と胸の息と臍《へそ》の息と背首《せくび》の息と手の息と、八所《はちところ》、十所《ところ》の息合っていれば病ないのざぞ。災難見ないのざから、毎朝神拝《おろが》みてからよく合わしてみよ。合っていたらその日には災難ないのざぞ。殊に臍の息、一番大切ざぞ。もしも息合っていない時には一二三《ひふみ》唱えよ。唱え唱えて息合うまで祈れよ。どんな難儀も災難もなくしてやるぞ。この方《ほう》、意富加牟豆美神《おおかむづみのかみ》であるぞ。神の息と合わされると災難、病なくなるのざぞ。大難小難にしてやるぞ。命《いのち》助けてやるぞ。

このことは、この方《ほう》信ずる人でないと誤るから、知らすではないぞ。手二本足二本入れて十柱《とはしら》ぞ。手足一本として八柱《はちはしら》ぞ。このこと早う皆に知らして、ドシドシと安心して働くようにしてやれよ。飛行機の災難も、地震、罪穢《けが》れの災《わざわ》いも、大きい災難ある時には息乱れるのざぞ。一二三祝詞《ひふみのりと》と祓祝詞《はらえのりと》と神の息吹《いぶき》と息と一つになりておれば、災難逃《のが》れるのぞ。信ずる者ばかりに知らしてやりてくれよ。

十二月十八の日《ひ》

日津《ひつ》久神《くのかみ》

第十六帖　（二二九）

悪の衣《ころも》着せられて、節分に押込められし神々様、お出《い》でましぞ。この節分からは、いよいよ神の規則どおりになるのざから、気つけておくぞ。容赦はないのざぞ。それまでに型さしておくぞ。御《ご》苦労なれど型してくれよ。ヤの身魂、御《ご》苦労。

石なぜもの言わぬのぞ。いよいよとなりているではないか。春になったらどんなことあるか分からんから、今年中に心の洗濯せよ。身の回り洗濯せよ。神の規則、臣民には、こばれんことあるもしれんぞ。気つけておくぞ。

十二月十九日《にち》

日津《ひつ》久神《くのかみ》

第十七帖　（二三〇）

何もかもひっくるめて立て直しするのであるから、どこから何が出てくるか分からんぞ。御用はそれぞれの役員殿、手分けて務めてくれよ。皆の者に手柄立てさしたいのぞ。一所《ひとところ》の御用、二人ずつでやりてくれよ。結構な御用であるぞ。

いずこも仮であるぞ。世が変わりたら結構に祭りくれよ。今は型であるぞ。祭れ祭れと申してあること忘れるなよ。まつわらねばならぬのざぞ。神がついているのざから、神の申すとおりにやれば、箱指《はこさ》したようにゆくのざぞ。産土《うぶすな》様、忘れずにな。

十二月十九日《にち》　　日津久神《ひつくのかみ》

第十八帖　（二三二）

富士の御用は、奥山に祭りくれよ。甲斐《かい》の御用も続けくれよ。江戸、一の宮造りてくれよ。道場も同じぞ。渦海《うずうみ》の御用とは、渦海の鳴門《なると》と、渦海の諏訪《すわ》と、渦海のマアカタ（麻賀多《まかた》）と三所《みところ》へ祭りてくれよ。祭りの仕方、天明《てんめい》に知らしておくぞ。その前の御用、言葉で知らしたこと済みたぞ。渦海、マアカタ（麻賀多《まかた》）とは印旛《いんば》ぞ。十柱《とはしら》とは火の神、木《き》の神、金《かね》の神、日の出の神、龍宮の乙姫、雨の神、風の神、地震の神、荒れの神、岩の神であるぞ。辛酉《かのととり》の日に祭りてくれよ。しばらくお筆出ないぞ。皆の者、早く今までの筆腹に入れてくれよ。神急《せ》けるぞ。筆読めば筆出てくるぞ。神祭り早く済ませてくれよ。

十二月二十一日朝《にちあさ》

日津久神《ひつくのかみ》

第十九帖　（一三二）

海には神の石鎮め祭りくれよ。山には神の石立てて木植えてくれよ。石は神の印つけて祭る所に置いてあるぞ。祭り結構ぞ。富士、奥山には十柱《とはしら》の石あるぞ。十柱《とはしら》祭りてくれよ。祭る所にゆけば分かるようにしてあるぞ。

十二月二十二日《にち》

日津久神《ひつくのかみ》

第二十帖　（一三三）

この度は、世に落ちておいでなされた神々様を上げねばならぬのであるぞ。臣民もそのとおりざぞ。

神の申すとおりにすれば何事も思うとおりにスラスラと進むと申してあろがな。これからは神に逆らうものは一つも埒《らち》明かんぞ。やりてみよれ。九分九厘《くぶくりん》でグレンざぞ。

神の国はどうしても助けなならんから、神が一日一日《ひとひひとひ》と延ばしていること分からんか。

皆の者が神を軽くしているから、お蔭《かげ》なくなっているのざぞ。世の元の神でも、御霊《みたま》となっていたのではまことの力出ないのざぞ。今度の仕組は、世の元の生き通しの神でないと間に合わんのざぞ。

どこの教会でも元はよいのであるが、取り次ぎ役員がワヤにしてしもうているのぞ。今のさまは何事ぞ。

この方《ほう》は力あり過ぎてしくじった神ざぞ。この世構う神でも、我《が》出すとしくじるのざぞ。どんな力あったとて我《が》出すでないぞ。この方《ほう》がよい見せしめぞ。世界構うこの方《ほう》さえ、我《が》でしくじったのぞ。くどいようなれど我《が》出すなよ。慢心と取り違いが一等気障《きざわ》りざぞ。改心チグハグざから、物事後先《あとさき》になりたぞ。仕組少しは変わるぞ。

今の役員、神の道広めると申して我《われ》を広めているでないか。そんなことでは役員とは言わさんぞ。

今までは、神が世に落ちて、人が神になりておりたのぞ。これでは世は治まらんぞ。神が上《かみ》で、臣民、人民で下《した》におらねばならんぞ。

我《われ》が苦労して人救う心でないと、今度の岩戸開《ひら》けんのざぞ。岩戸開《びら》きの御用する身魂は、我《われ》の苦労で人助けねばならんのざぞ。

十年先は、五六七《みろく》の世ざぞ。今の人間、鬼より蛇《じゃ》より邪見《じゃけん》ざぞ。蛇《じゃ》の方《ほう》が早う改心するぞ。早う改心せねば泥海にせなならんから、神は日夜《にちや》の苦労ぞ。

道は一つと申してあろがな。二つ三つ四つあると思うてはならんぞ。足下から鳥立つと申してあろが。臣民、火がついてもまだ気づかずにいるが、今に体に火ついてチリチリ舞いせなならんことになるから、神、くどう気つけておくのざぞ。

三四、気つけてくれよ。神の国は、神の力で何事も思うようにゆくようになりているのに、学や知に邪魔されている臣民ばかり。早う気づかぬと今度という今度は取り返しつかんぞ。見事なこと、神がしてみせるぞ。見事なことざぞ。

人間には恐ろしいことざぞ。

大掃除《おおそうじ》する時は、棚の物、下《した》に置くことあるのざぞ。下《した》にあったとて見下げてはならんぞ。

この神は、神の国の救われること一番願っているのざぞ。外国人も神の子ではあるが、性来《しょうらい》が違うのざぞ。神の国の臣民が、まことの神の子ざぞ。今は曇りているなれど、元の尊い種植《たね》えつけてあるのざぞ。曇り取り去りてくれよ。依怙《えこ》のようなれど、外国は後回しぞ。同じ神の子でありながら神の臣民の肩持つとは公平でないと申す者もあるなれど、それは昔からの深い仕組であるから、臣民には分からんことであるぞ。一に一足す二でないと申してあろが。何事も神の国から、神の民からぞ。洗濯も同様ざぞ。

今度の御用外《はず》したら、いつになりても取り返しつかんことになるのざから、心して御用してくれよ。やり損ないできないことになりているのざぞ。

天《てん》に一柱《ひとはしら》、地《ち》に一柱《ひとはしら》、火にも焼けず、水にも溺れぬ元の種隠しておいてのこの度の大立て替えぞ。どんなことあっても人間心《ごころ》で心配するでないぞ。細工は流々《りゅうりゅう》、仕上げ見てくれよ。この神は滅多《めった》に間違いないぞ。三千年地《ち》に潜りての仕組で、悪の根まで調べてからの仕組であるから、人間殿、心配せずに神の申すよう素直にいたしてくだされよ。

末法の世とは、地《ち》の上《うえ》に大将の器《うつわ》なくなりていることざぞ。オロシヤの悪と申すのは、泥の海の頃から生きている悪の親神《おやがみ》であるぞ。北に気つけてくれよ。神の国は結構な国で、世界の元の、真中の国であるから、悪神《あくがみ》が日本を取りて末代の住まいとする計画で、とことんの知恵出してどんなことしても取るつもりでいよいよを始めているのざから、よほど褌《ふんどし》締めてくだされよ。日本の上《うえ》に立ちている守護神に分かりかけたら、バタバタに埒明《らち》くぞ。早う改心してくれよ。

十二月二十六日《にち》

日津久神《ひつくのかみ》

第二十一帖　（二三四）

神懸《かみがか》りと申しても七つあるのであるぞ。その一つ一つがまた七つに分かれているのざぞ。☉懸《かみがか》り、か三懸《みがか》り、か三懸《みがか》りぞ。・懸《かみがか》りぞ。◯懸《かみがか》り、か三懸《みがか》り、か三懸《みがか》りざぞ。

神懸《かみかか》っていないと見える神懸《かみがか》りがまことの神懸《かみがか》りと申してあろが。そこらにござる神懸《かみがか》りは皆、四段目《よ》、五段目、六段目、七段目《なな》の神懸《かみがか》りぞ。

神懸《かみがか》りとは惟神《かんながら》のことぞ。これが神国《かみぐに》のまことの臣民の姿ぞ。惟神《かんながら》の国、惟神《かんながら》ぞ。神と人と溶け合ったまことの姿ぞ。今の人民の言う惟神《かんながら》ではないぞ。この道理分かりたか。まことの神にまつり合った姿ぞ。

悪の大将の神懸《かみがか》りは、神懸《かみがか》りと分からんぞ。気つけてくれよ。

これからは神懸《かみがか》りでないと何も分からんことになるのざぞ。早う神懸《かみがか》りになるよう掃除してくれよ。神の息吹《いぶき》に合うと神懸《かみがか》りになれるのぞ。

一二三《ひふみ》唱えよ。祓え宣《の》れよ。神称えよ。人称えよ。神は人褒め、人は神称えて祭りくれよ。まつわりくれよ。あないくれよ。

十二月二十七日《にち》

日《ひ》津《つ》久《くの》神《かみ》

第二十二帖　（二三五）

左は火ざぞ。右《みぎり》は水ざぞ。⊙の神と◎《うず》の神ぞ。日の神と月の神ざぞ。日の神ばかり拝《おろが》んで月の神忘れてはならんぞ。人に直々《じきじき》恵みくださるのは◎の神、月の神ぞ。ざと申して日の神おろそかにするでないぞ。水は身を守る神ざぞ。火は魂《たま》守る神ざぞ。火と水とで組み組みて人ぞ。身は水でできているぞ。火の魂《たま》入れてあるのざぞ。国土《くにつち》も同様ぞ。渦海《うずうみ》の御用、大切ざぞ。

十二月二十八日《にち》

日《ひ》津《つ》久《くの》神《かみ》

第二十三帖　（二三六）

この世の位《くらい》も、いざとなれば宝も富も勲章も役には立たんのざぞ。この世去って役に立つのは、身魂の徳だけぞ。身についた芸はそのまま役に立つぞ。人に知れぬように徳積めと申してあろがな。神の国に積む徳のみが光るのざぞ。マアカタ（麻《ま》賀《か》多《た》）の御用、結構であったぞ。富士晴れるぞ。海晴れるぞ。天明《てんめい》、御《ご》苦労ぞ。ヤノ、御《ご》苦労ぞ。ササキ、イソカミ、カドタ、御《ご》苦労ぞ。この巻、日の出の巻としてまとめて、役員に読ませて、一二三《ひふみ》として皆に知らせてくれよ。神急ぐぞ。

十二月の二十九日《にち》

日津久神《ひつくのかみ》

第八巻　岩戸《いわと》の巻　全二十一帖

自　昭和十九年　十二月三十日
至　昭和十九年旧十一月三十日

第一帖　（二三七）

岩戸の巻、書き知らすぞよ。

岩戸開《ひら》くには、神人《かみひと》ともにえらぎ賑わうのざぞ。神懸《がか》りして歌い舞うのざぞ。宇受売命《うずめのみこと》いるのざぞ。宇受売《うずめ》とは女のみでないぞ。男《おのこ》も宇受売《うずめ》ざぞ。女《おみな》の魂《たま》は男《おのこ》、男《おのこ》の魂《たま》は女《おみな》と申してあろがな。闇《やみ》の中で踊るのざぞ。歌うのざぞ。皆の者、宇受売《うずめ》となりてくだされよ。暁《あ》け告げる鳥となりてくだされよ。神懸《かみかか》りて舞い歌いくだされよ。神懸《かみがか》りでないと、これからは何もできぬと申してあろがな。

十二月三十日《にち》

☉之《の》日《ひ》津《つ》久神《くのかみ》

第二帖　（二三八）

気つけてくれよ。キが本《もと》ざぞ。キから生まれるのざぞ。心配《くば》れと申してあろが。心の本《もと》はキざぞ。すべての本《もと》はキであるぞ。キは⦿《よろこび》ざぞ。臣民皆にそれぞれのキ（木《き》）、植えつけてあるのざぞ。嬉しキは嬉しキこと生むぞ。悲しキは悲しキこと生むぞ。恐れは恐れ生むぞ。喜べば喜ぶことあると申してあろがな。天災でも人災でも、臣民の心の中に動くキのままになるのざぞ。この道理分かるであろがな。爆弾でも当たると思えば当たるのざぞ。恐れると恐ろしいことになるのざぞ。ものはキから生まれるのざ。キが本《もと》ぞ。くどく気つけておくぞ。ム（無《む》）のキ動けば、ム来るぞ。ウ（有《う》）のキ動けば、ウ来るぞ。どんなことでもキあればできるぞ。キから生まれるぞ。勇んで神の御用務めてくだされよ。

十二月三十一日《にち》

⦿之日津久神《のひつくのかみ》

第三帖　（二三九）

富士は晴れたり、日本晴れ。

びっくり箱、いよいよとなりたぞ。春負け、夏負け、秋負け、冬負けてハルマゲドンとなるのざぞ。早う改心せんと、ハルマゲドンの大峠越せんことになるぞ。

大峠となりたら、どんな臣民もアフンとして、もの言えんことになるのざぞ。何とした取り違いでありたかと地団駄《じだんだ》踏んでも、その時では間に合わんのざぞ。十人並みのことしていては、今度の御用はできんのざぞ。逆さまに返ると申してあろが。大洗濯《おおせんたく》ざぞ。大掃除《おおそうじ》ざぞ。グレンざぞ。富士に花咲くぞ。

一月一日《にち》

☉之日津久神《のひつくのかみ》

第四帖　（二四〇）

この方《ほう》、この世の悪神《あくがみ》とも現れるぞ。閻魔《えんま》とも現れるぞ。悪と申しても、臣民の申す悪ではないぞ。善も悪もないのざぞ。

裁きの時、来ているに気づかぬか。その日その時裁かれているのざぞ。早う洗濯せよ。掃除せよ。岩戸いつでも開《あ》くのざぞ。

善の御《み》世来るぞ。悪の御《み》世来るぞ。悪と善と立て分けて、どちらも生かすのざぞ。生かすとは神の息に合わすことぞ。息に合えば悪は悪でないのざぞ。この道理よく腹《か》に入れて、神の心早う汲み取れよ。それが洗濯ざぞ。

一月二日

☉之日津久神《のひつくのかみ》

第五帖　（二四一）

天盛《あまさか》り、地盛《くに》ります御世《み》となるぞ。臣民の心の中に生けおいた花火、いよいよ開《ひら》く時来たぞ。赤い花火もあるぞ。青いのもあるぞ。黄なのもあるぞ。それぞれの身魂《みたま》によりて、その色違うのざぞ。身魂どおりの色出るのざぞ。金《きん》は金《きん》ぞ。鉄は鉄ぞ。鉛は鉛として磨いてくれよ。金《きん》の真似するでないぞ。国土《くにつち》の軸動くぞ。フニャフニャ腰がコンニャク腰になりて、どうにもこうにもならんことになるぞ。その時、この筆心棒《しんぼう》に入れてくれよ。百人に一人くらいは何とか役に立つぞ。あとはコンニャクのお化けざぞ。

一月三日《か》

☉之日津久神《のひつくのかみ》

第六帖　（二四二）

北、南、宝出す時近づいたぞ。世の元からの仕組であるから、滅多《めった》に間違いないぞ。これからいよいよ臣民には分からなくなれど、仕上げ見てくだされよ。何事も神の申すこと聞いて、素直になるのが一等ざぞ。筆出ぬ時、近くなりたぞ。筆出なくなりたら、口で知らすぞ。筆早う腹に入れぬと間に合わんことになりてくるぞ。西も東も皆宝あるぞ。北の宝は潮満《しおみつ》ざぞ。南の宝は潮干《しおひる》ざぞ。東、西の宝も今に分かりてくるぞ。この宝天晴《あっぱ》れ。この世の大洗濯《おおせんたく》の宝であるぞ。

一月の四日《か》

☉之日津久神《のひつくのかみ》

第七帖　（二四三）

人民の戦や天災ばかりで今度の岩戸開《ひら》くと思うていたら、大きな間違いざぞ。戦や天災で埒明《らちあ》くような、ちょろこいことでないぞ。開《あ》いた口塞《ふさ》がらんことになりてくるのざから、早う身魂磨いて怖いものないようになっておりてくれよ。肉体の怖さではないぞ。魂《たま》の怖さざぞ。魂《たま》の戦や災いは見当取れまいがな。祭り第一と申すのざ。理屈は悪魔と申してあろが。神のみことに聞けよ。それにはどうしても身魂磨いて、神懸《かみかか》れるようにならねばならんのざ。神懸《かみがか》りと申してもそこらにござる天狗《てんぐ》や狐《きつね》や狸憑《たぬきつ》きではないぞ。まことの神懸《かみがか》りであるぞ。

右《みぎ》ゆく人、左ゆく人咎《とが》むるでないぞ。世界のことは皆、己の心に映りて、心だけのことよりできんのざぞ。この道理分かりたか。この道は真中ゆく道とくどう申してあること忘れるなよ。

今までのような宗教や教えの集いは潰《つぶ》れてしまうぞ。神が潰すのではないぞ。

自分で潰れるのざぞ。早うこの筆、魂《たましい》にして、まことの道に生きてくれよ。配給は配給と申してあるが、天理《てんり》は天理、金光《こんこう》は金光だけの教えであるぞ。この方《ほう》の申すこと、天《てん》の道ぞ、地《ち》の道ぞ、人の道ざぞ。

今度の岩戸開《びら》きの大望《たいもう》済みたとて、すぐに良いことばかりはないのざぞ。二度とないことであるから、臣民では見当取れんから、腹の底から改心して、素直に神の申すとおりにするのが何より結構なことざぞ。

一月七日

⊙之日津久神《のひつくのかみ》

第八帖　（二四四）

神の国の昔からの生き神の声は、世に出ている守護人の耳には入らんぞ。世に出ている守護人は、九分九厘《くぶくりん》まで外国魂《がいこくたま》ざから、聞こえんのざぞ。

外国の悪の三大将よ、いざ出て参れよ。まともからでも、上《うえ》からでも、下《した》からでも、横からでも、いざ出て参れよ。この神の国には、世の元からの生き神が水も漏らさぬ仕組してあるから、いざ出て参りて得心《とくしん》ゆくまで掛かりてござれ。負けても悔しくないまでに攻めてござれよ。堂々と出てござれ。どの手でも掛かりてござれ。その上《うえ》で、負けてこれは敵《かな》わんという時まで、掛かりてござれよ。

学、勝ちたら従ってやるぞ。神の力に敵わんこと、心から分かりたら、末代どんなことあっても従わして、元の神のまことの世にして、改心さして、万劫《まんごう》末代《まつだい》、口説《くぜつ》ない世にいたすぞよ。

ミエタ、御苦労《ごかか》であったぞ。

一月九日

⊙之日津久神《のひつくのかみ》

第九帖　（二四五）

富士と鳴門《なると》の仕組分かりかけたら、いかな外国人でも改心するぞ。それまでに神の国の臣民、改心しておらぬと、気の毒できるぞ。天狗《てんぐ》や狐《きつね》は誰にでも懸りてもの言うなれど、神はなかなかに、ちょこらさとは懸らんぞ。良き世になりたら、神はもの言わんぞ。人が神となるのざぞ。この神は巫女《みこ》や禰宜《ねぎ》には懸らんぞ。神が誰にでも懸りてすぐ何でもできると思うていると、思いが違うから気つけておくぞ。神懸《かみがか》りに凝ると、ろくなことないから、ほどほどにしてくれよ。

この道は中ゆく道と申してあろがな。戦済みたでもなく、済まぬでもなく、上げも下ろしもならず、人民の知や学や算盤《そろばん》ではどうともできんことになるのが目の前に見えているのざから、早う神の申すとおり素直に言うこと聞けと申しているのざぞ。長引くほど、国はジリジリになくなるぞ。

米《こめ》あると申して油断するでないぞ。弾《たま》（玉《たま》）あると申して油断するでないぞ。命《いのち》あると申して油断するでないぞ。

この筆よく読めば楽になって、人々から光出るのざぞ。辰《たつ》の年は佳き年となりているのざぞ。早う洗濯してくれよ。

一月十一日《にち》

⊙之日津久神《のひつくのかみ》

第十帖　（二四六）

悪の仕組は、日本魂《にほんだましい》を根こそぎ抜いてしもうて、日本を外国同様にしておいて、一呑《ひとの》みにする計画であるぞ。日本の臣民、悪の計画どおりになりて尻の毛まで抜かれていても、まだ気づかんか。

上《うえ》からやり方変えてもらわねば、下《した》ばかりではどうにもならんぞ。上《うえ》に立ちている人、日に日に悪くなりてきているぞ。

巡りある金《かね》でも物でも持ちていたらよいように思うているが、えらい取り違いであるぞ。早う神の申すこと聞きてくだされよ。世界のどこ探しても、今ではここよりほかに神のまことの道知らす所ないのざぞ。

この道の役員、上《うえ》から見られんところに良きことないと、今度の御用なかなかに務まらんぞ。洗濯急げよ。掃除急げよ。

家《いえ》の内《うち》が治まらんのは、女《おみな》に巡りあるからぞ。このことよく気つけておくぞ。村も国々も同様ぞ。女《おみな》の巡りは怖いのざぞ。

節分からは八回《はち》拍手《かしわで》打ちてくだされよ。神激しくなるぞ。

一月十二日《にち》

⊙之日津久神《のひつくのかみ》

第十一帖　（二四七）

心に巡り積むと動物の入れものとなるぞ。神の入れもの、動物などに自由にされていて、それでまことの神の臣民と申されるか。分からんと申してあまりであるぞ。

芥《ごもく》吐き出せよ。そのままにしておくと、だんだん大きくなりて始末にゆかんことになりて、終《しま》いには灰にするより手なくなるぞ。

石流れて、木《こ》の葉沈むと申してあろが。今がその世ざぞ。

改心して綺麗に掃除できたら、千里先にいても、日津久神《ひつくのかみ》と頼めばどんなことでもさしてやるぞ。この神は、世界中どこへでも届く鼻、持っているのざぞ。

この世創りたこの神ざ。この世に分からんこと一つもないのざぞ。

神の御用さえ務めてくだされたら、心配事が嬉し嬉しのこととなる仕組ざぞ。

日本臣民ばかりでないぞ、どこの国の民でも同様に助けてやるぞ。神には依怙《えこ》がないのぞ。

一月十三日《にち》

☉之《の》日《ひ》津《つ》久神《くのかみ》

第十二帖　（二四八）

まことの者は千人に一人ざぞ。

向こうの国にはまだまだどえらい仕組しているから、今のうちに神の申すこと聞いて、神国《かみぐに》は神国《かみぐに》のやり方にしてくれよ。人の殺し合いばかりでは、けりつかんのざぞ。今度の負け勝ちは、そんなちょろこいことではないのざぞ。とことんのところまでゆくのざから、神も総活動ざぞ。臣民、石に齧《かじ》りついてもやらねばならんぞ。その代わり、今度は万劫末代《まんごうまつだい》のことざから、いつまでも変わらんまことの神徳与えるぞ。

言われぬこと、筆に出せぬことも知らすことあるぞ。

一月十三日《にち》

☉之日津久神《のひつくのかみ》

第十三帖　（二四九）

九十《こと》違うから、精神違うから、違うことになるのざぞ。九十《こと》正しくすれば、正しきこととなるのざぞ。

日本の国は、元の神の血筋の混じり気《け》のない身魂で、末代世治めるのざ。何事も末代のことであるから、末代動かんように定めるのざから、大望《たいもう》であるぞ。

上《うえ》の守護人、このままで何とかかんとか行けるように思うているが、その心《こころ》我《われ》よしざぞ。

今度は手合わして拝《おが》むばかりでは駄目ざと申してあろが。今度は規則決まりたら、昔より難しくなるのざぞ。曲げられんことになるのざぞ。神魂《かみたましい》の臣民でないと、神の国には住めんことになるのざぞ。

この世治めるのは、地《ち》の先祖の生き神の光出さねば、この世治まらんのざぞ。

今度はとことん掃除せねば、少しでも混じり気《け》ありたら先になりてまた大きな間違いとなるから、洗濯洗濯とくどう申しているのざ。

神は一時《いちじ》は菩薩《ぼさつ》とも現れていたのざが、もう菩薩《ぼさつ》では治まらんから、いよいよ生き神の性来《しょうらい》現してバタバタに埒《らち》つけるのざぞ。今の学ある者、大き取り違いいたしているぞ。

大国常立命大神《おおくにとこたちのみことおおかみ》と現れて、一時《いちじ》は天《てん》も構い、地《ち》の世界は申すに及ばず、天《てん》へも昇《のぼ》り降《くだ》りして、元の日本の神の光、くっきり現さなならんと仰《おお》せあるぞ。早う洗濯せんと間に合わんぞ。

この道の役員、我《われ》は苦労して人助けるのざぞ。その心でないと、我《が》出して我《われ》のこと思うていると、グレンざぞ。

神も仏《ほとけ》もキリストも、何もかもすかりと救わねばならんのざ。殺して救うのと、生かして御用に使うのとあるぞ。今度は、はっきり区別するのざぞ。昔からの因縁ざぞ。この方《ほう》の下《もと》に参りて、昔からの因縁、この先のことよく聞いて得心できたら、腹の底から改心して、まことの御用、結構に務め上げてくれよ。

逃げ道作ってはならんぞ。二つ三つ道作ってはならんぞ。真直ぐに神の道に進めよ。神の道は一筋《ひとすじ》ざと申してあろが。何なりとそれぞれの行せねば、まことのことはできんのざぞ。

世界の片端《かたはし》、浜辺から、いよいよが始まると知らしてあること近うなりたぞ。くどいようなれど、さっぱりと洗濯してくれよ。

神の国は神のやり方でないと治まらんから、今までの法度《はっと》からことからやり方変えて、今まではやり方違っていたから神のお道どおりにいたしますと、心からお詫びせねば、するまで苦しむのざぞ。この苦しみは筆にも口にもないようなことに、臣民の心次第でなるのざから、くどう申しているのざぞ。

何もかも神に捧げよ、天子様に捧げよと申してあろがな。それが神国《かみぐに》の民の心得ぞ。否《いや》でも応でもそうなってくるのざぞ。神国《かみぐに》の政治経済は一つざと申してあろがな。

今の臣民に分かるように申すならば、臣民働いてとれたものは、何でも神様に捧げるのざ。神の御社《みやしろ》は幸《さち》で埋《うず》もれるのざぞ。御光《み》輝くのざぞ。光の町となるのざぞ。神から分けてくださるのざぞ。その人の働きによって、それぞれに恵みの印《しるし》くださるのざぞ。それがお宝ぞ。お宝、徳相当に集まるのざぞ。金《きん》は要らんと申してあろがな。

元の世になるまでに、そうしたことになって、それからまことの神の世になるのざ。神の世は祭りあるだけぞ。それまでにお宝くださるのざぞ。お宝とは今のお札《さつ》のようなものざぞ。分かるように申すなら、神の御社《みやしろ》と臣民のお役所と市場《いちば》と合わしたようなものが、一時《いちじ》はできるのざぞ。嬉し嬉しとなるのざぞ。まことの祭りの初めざぞ。

このことよく腹に入れて、一二三《ひふみ》として説いて、早う上《うえ》の守護人殿にも下《しも》の守護人殿にも知らして、安心さして勇んで暮らすようにしてやりてくだされよ。それも臣民の心次第。素直な人、早う嬉しくなりて、心勇むぞ。寂《さび》しくなりたら訪ねてござれと申してあろがな。

一月十三日《にち》

☉之日津久神《のひつくのかみ》

第十四帖　（二五〇）

正味《しょうみ》の生き通しの神が、正味を見せてやらねばならんことに、いずれはなるのざが、生き神の正味は激しいから、今のうちに綺麗に洗濯しておけと申すのざ。皆にまつろいておけと申すのざ。

かあいそうなは兵隊さんざぞ。神に祈りてやりてくれよ。

外国人よ。日本の国にいる外国魂《がいこくたま》の守護人よ。いよいよとなりて生き神の総活動になりたら、死ぬことも生きることもできん苦しみに一時《いちじ》はなるのざから、神から見ればそなた達も子ざから、早う神の下《もと》に返りてくれよ。いよいよとなりてきたのざぞ。くどう気つけるぞ。

一月十三日《にち》

⊙之日津久神《のひつくのかみ》

第十五帖（二五一）

この方《ほう》の道、悪きと思うなら出てござれ。善きか悪きか、はっきりと得心ゆくまで見せてやるぞ。何事も得心させねば、根本《こんぽん》からの掃除はできんのざぞ。役員気つけてくれよ。皆、和合《わごう》してくれよ。悪き言葉、息吹《いぶき》が、この方《ほう》一番邪魔になるぞ。

苦労なしにはまこと分からんぞ。欲は要らぬぞ。欲出したら曇るぞ。盲《めくら》になるぞ。お詫《わ》びすれば許してやるぞ。天地《てんち》に御《ご》無礼ない臣民、一人もないのざぞ。病治してやるぞ。神息吹《かみいぶき》、作りてやれよ。神息吹《かみいぶき》とは、一二三《ひふみ》書いた紙、神前に供えてから分けてやるもののことざぞ。

腹立つのは慢心からぞ。

守護神善くなれば、肉体善くなるぞ。善も悪も分からん世、闇《やみ》の世と申すぞ。天照皇大神宮《てんしょうこうたいじんぐう》様の岩戸開《びら》きは、騙した、間違いの岩戸開《びら》きぞ。無理に開《あ》けた岩戸開《びら》きざから、開《ひら》いた神々様に大きな巡りあるのざぞ。今度は、巡りだけのことはせならんぞ。神には分け隔てないのざぞ。今度の岩戸開《びら》きは、ちっとも間違いない、混じり気《け》のないまことの神の息吹《いぶき》で開《ひら》くのざぞ。混じりありたら、濁り少しでもありたら、またやり直しせなならんから、くどう気つけているのざぞ。いつまでも変わらんまことで開《ひら》くのざぞ。

一月十四日《か》　旧十一月三十日《にち》

⊙之日津久神《のひつくのかみ》

第十六帖　（二五二）

世の元からの生き神が揃《そろ》うて現れたら、皆腰抜かして目パチクリさして、もの言えんようになるのざぞ。神徳貰《もろ》うた臣民でないと、なかなか越せん峠ざぞ。神徳はいくらでも、背負いきれんまでにやるぞ。大き器《うつわ》持ちてござれよ。掃除した大き入れ物、いくらでも持ちてござれよ。

神界には、ビクともしぬ仕組できているのざから、安心して御用務めてくれよ。今度はまことの神の力でないと、何もできはせんぞと申してあろが。日本の国は小さいが、天《てん》と地《ち》との神力《しんりき》強い、神のまことの元の国であるぞ。

洗濯と申すのは、何事によらん、人間心《にんげんごころ》捨ててしもうて、知恵や学に頼らずに、神の申すこと一つも疑わず、生まれ赤子の心の産心《うぶごころ》になりて、神の教え守ることぞ。

身魂磨きと申すのは、神から授かっている身魂の命令に従うて、肉体心《にくたいごころ》捨ててしもうて、神の申すとおり背《そむ》かんようにすることぞ。

学や知を力と頼むうちは、身魂は磨けんのざ。学越えた学、知越えた智は、神の学、神の智ざということ分からんか。

今度の岩戸開《びら》きは、身魂から、根本《こんぽん》から変えてゆくのざから、なかなかであるぞ。天災や戦ばかりでは、なかなか埒明《らち》かんぞ。根本《こんぽん》の改めざぞ。小さいこと思うていると、分からんことになると申してあろがな。この道理、よく腹に入れてくだされよ。

今度は上中下三段に分けてある身魂の因縁によって、それぞれに目鼻つけて、悪も改心さして善も改心さしての岩戸開《びら》きざから、根本《こんぽん》から造り変えるよりはどれだけ難しいか、大層な骨折りざぞよ。

叱るばかりでは改心できんから、喜ばして改心さすことも、守護神にありてはあるのざぞ。聞き分けよい守護神殿、少ないぞ。聞き分けよい悪の神、早く改心するぞ。聞き分け悪き善の守護神あるぞ。

この道の役員は、昔からの因縁によって、身魂調べて引き寄せて御用さしてあるのざ。滅多に見当狂わんぞ。神が綱《つな》かけたらなかなか離さんぞ。逃げられるならば逃げてみよれ。クルクル回って、また初めからお出直しで御用せならんようになってくるぞ。

身魂磨け出したら、病神などドンドン逃げ出すぞ。

出雲の神様、大切申せと知らしてあること忘れるなよ。

子《ね》の年真中にして、前後十年が正念場。世の立て替えは水と火とざぞ。未《ひつじ》の三月三日《か》、五月五日《か》は結構な日ぞ。

一月十四日《か》

第十七帖　（二五三）

この神は、善き臣民には善く見え、悪き臣民には悪く見えるのざぞ。鬼門の金神《こんじん》とも見えるのざぞ。

世はクルクルと回るのざぞ。仕合わせ悪くとも悔やむでないぞ。それぞれの身魂の曇り取りているのざから、勇んで苦しいこともしてくだされよ。

上《うえ》が裸で、下《しも》が袴《はかま》穿《は》くこと出てくるぞ。

神が化かして使うているのざから出来上がるまでは誰にも分からんが、出来上がりたら、何とした結構なことかと皆がびっくりするのざぞ。びっくり箱にも、悪いびっくり箱と、嬉し嬉しのびっくり箱とあるのざぞ。

何も知らん臣民に知らんこと知らすのざから疑うは無理ないなれど、曇り取ればすぐ映る元の種《たね》持っているのざから、早うこの筆読んで洗濯してくれよ。

⊙之日津久神《のひつくのかみ》

どんな大峠でも楽に越せるのざぞ。神の道は無理ない道ざと知らしてあろが。身魂の因縁、恐ろしいぞ。上下《うえした》湧き上がるが近うなりたぞ。

一月十四日《か》

⊙之日津久神《のひつくのかみ》

第十八帖　(二五四)

今度の御用は、世に落ちて苦労に苦労した臣民でないと、なかなかに務まらんぞ。神も長らく世に落ちて苦労に苦労重ねていたのざが、時節到来して、天晴《あっぱ》れ世に出てきたのざぞ。因縁の身魂、世に落ちているぞと申してあろがな。外国好きの臣民、今に大き息もできんことになるのざぞ。覚悟はよいか。改心次第でその時から善き方《ほう》に回してやるぞ。改心と申して、人間の前で懺《ざん》悔《げ》するのは、神国のやり方ではないぞ。人の前で懺悔するのは、神傷つけることになると心得よ。神の御前《みまえ》にこそ懺悔せよ。懺悔の悪きことに倍した善き言《こと》霊宣《だまの》れよ。言《こと》高く上げよ。富士晴れるまで、言《こと》高く上げてくれよ。その言《こと》に神うつりて、どんな手柄でも立てさせて、万劫末代名の残るようにしてやるぞ。

この仕組分かりたら、上《うえ》の臣民、逆立ちしてお詫《わ》びに来るなれど、その時ではもう間に合わんから、くどう気つけているのざぞ。臣民かわいいから、嫌がられてもこの方《ほう》申すのざぞ。

悪と思うことに善あり、善と思うことも悪多いと知らしてあろがな。このことよく心得ておけよ。悪の世になっているのざから、まことの神さえ悪に巻込まれてござるほど知らず知らずに悪になりているのざから、今度の世の乱れと申すものは五度《ごたび》の岩戸閉めざから、見当取れん、臣民に分からんのは無理ないなれど、そこ分かりてもらわんと結構な御用務まらんのざぞ。

時が来たら、我《われ》が我《われ》の口で、我《われ》が白状するようになりてくるぞ。神の臣民、恥ずかしないようにしてくれよ。臣民恥ずかしことは、神恥ずかしのざぞ。

いよいよ善と悪の変わり目であるから、悪神《あくがみ》暴れるから、巻込まれぬように褌《ふんどし》締めて、この筆読んで神の心汲《く》み取って、御用大切になされよ。

一月十四日《か》

⦿之日津久神《のひつくのかみ》

第十九帖（二五五）

向こうの国、いくら物ありても人ありても、生き神が表に出て働くのざから、神なき国はいずれは往生ざぞ。

この神の申すことよく腹に入れて、もう敵《かな》わんと申すところ堪《こら》えて、また敵わんと申すところ堪《こら》えて、いよいよどうにもならんというところ堪《こら》えて、頑張りてくだされよ。神には何もかもよく分かりて、帳面に書き留めてあるから、どこまでも、死んでも頑張りてくだされよ。そこまで見届けねば、この方《ほう》の役目果たせんのざ。かあいそうなれど神の臣民殿、堪《こら》え堪《こら》えて、まことどこまでも貫きてくだされよ。まことの生き神がその時こそ表に出て、日本に手柄さして、神の臣民に手柄立てさして、神から篤《あつ》く御《おん》礼申して良き世にいたすのであるぞ。腹帯しっかり締めてくれよ。重ねて神が臣民殿に頼むぞよ。守護神殿に頼むぞよ。

一月十四日《か》

⊙之日津久神《のひつくのかみ》

第二十帖　（二五六）

戦、いつも勝つとばかりは限らんぞ。春負けとなるぞ。いざとなれば昔からの生き神様総出で御《おん》働きなさるから、神の国の神の道は大丈夫であるなれど、日本臣民、大丈夫とは申されんぞ。その心のとおりになること、忘れるなよ。早う身魂磨いてくれよ。

も少し戦進むと、これはどうしたことか、こんなはずではなかったなあと、どちらの臣民も見当取れん、どうすることもできんことになると知らしてあろが。そうなってからでは遅いから、それまでにこの筆読んで、その時にはどうするかということ分かりておらんと仕組成就せんぞ。役員の大切の役目ざぞ。我《われ》の思い捨ててしもうて、早うこの筆、穴の開《あ》くほど裏の裏まで腹に入れておいてくれよ。この筆の終わりに、神強く頼むぞよ。

旧十一月三十日《にち》　　☉之日津久神《のひつくのかみ》

第二十一帖　（二五七）

元の大和魂《やまとだましい》に返れと申すのは、今の臣民には無理ぢゃな。無理でも、神に心向ければできるのざぞ。どうしても今度は、元のキのままの魂《たましい》に返らんとならんのぞ。

肝心の筆、無闇《むやみ》に見せるではないぞ。仕組壊れるぞ。今に筆に書けないことも知らさなならんから、耳（御身《みみ》）から知らすから、腹から腹へと伝えてくれよ。節分からは激しくなりて、激しき筆は書かせんぞ。天明《てんめい》、筆の御用はこれでしばらく御用済みぞ。その代わり耳（御身《みみ》）掃除しておいてくれよ。

旧十一月三十日《にち》

☉之日津久神《のひつくのかみ》

第九巻　キの巻　全十七帖

自　昭和二十年一月二十九日
至　昭和二十年三月　二十日

第一帖　（二五八）

節分からは、手打ちながら一二三祝詞《ひふみのりと》、宣《の》りてくれよ。拍手《かしわで》は、元の大神様の全き御《おん》働きぞ。高御産巣日《たかみむすび》と神産巣日《かみむすび》の御《おん》働きぞ。御《おん》音ぞ。和ぞ。大和《だいわ》の言《こと》ぞ。言霊《ことだま》ぞ。喜びぞ。喜びの御《おん》音ぞ。悪祓《はら》う御《おん》音ぞ。イシモト、イソガミ、カドタ、御《ご》苦労ぞ。ショウダ、御《ご》苦労ぞ。サイトウ、御《ご》苦労ぞ。カドタ、御《ご》苦労ぞ。

節分境に何もかも変わりてくるのざぞ。何事も掃除一番ぞ。

一月二十九日《にち》

⊙之《の》日《ひ》津《つ》久《く》神《のかみ》記す

第二帖　（二五九）

筆読めば、何もかも分かるようになりていること、分からぬか。

尾張《おわり》の御用、御苦《ご》労であったぞ。奥の奥のこと、仕組どおりになりている。臣民、心配するでないぞ。

一の宮は、桜咲く所へ造れよ。分かりたか。天之日津久神奉賛会《あめのひつくのかみほうさんかい》でよいぞ。意富加牟豆美神《おほかむづみのかみ》と申しても祭りくれよ。祭り、国民服（戦時中に着用した成人男子の洋服）の左の胸に八垂《やた》れの紙垂《しで》二本つけて、絹の紙垂《しで》つけて当分奉仕してよいぞ。道場は、一の宮と一つ所《ところ》でよいぞ。

飯依《いいより》の御用、丹波《たには》の御用、御苦《ご》労であったぞ。皆の者、いよいよざぞ。今から弱音では、何もできんぞ。春負け、夏負け、秋負け、冬負けて、ハルマゲドンと申してあろが。いよいよざぞ。褌《ふんどし》締めよ。グレンざぞ。

二月二十六日《にち》

日津久神《ひつくのかみ》

第三帖　（二六〇）

雨の神、風の神、地震の神、岩の神、荒れの神様にお祈りすれば、この世の地震、荒れ逃《のが》らせてくださるぞ。皆の者に知らしてやりてくだされよ。この方《ほう》、イの神と現れるぞ。キの神と現れるぞ。シ、チ、ニの神と現れるぞ。ヒの神と現れるぞ。ミの神と現れるぞ。イ、リ、ヰ《い》の神と現れるぞ。五柱《いつはしら》の神様、篤《あつ》く拝《おろが》めよ。十柱《とはしら》の神、篤《あつ》く拝《おろが》めよ。

三月八日《か》

日津久神《ひつくのかみ》知らすぞ

第四帖　（二六一）

神の大事の肝心のところが違ったことになりているから、その肝心要《かんじんかなめ》のところ元に戻さな、何ほど人間がいくら学や知でやりてもどうにもならんぞ。元の先祖の神でないと、ことというところできんぞ。神の国の元の元の元のキの御霊《みたま》を入れて練り直さな、できんのざぞ。肝心が引っ繰り返っているぞ。早う気づかんと、間に合わんぞ。

もちと大き心、持ちなされよ。世界のことざから、世界の御用ざから、大き心でないと御用できんぞ。

これからは、神が化けに化けて心引くことあるから、そのつもりでいてくれよ。三、四月気《か》つけてくれよ。

三月九日

日津久神筆《ひつくのかみふで》

第五帖　（二六二）

この筆は心どおりに映るのざぞ。思い違うといくら筆読んでも違うことになるのぞ。心違うと、今度はどんなに偉い神でも人でも、気の毒できるぞ。この方《ほう》は悔やむこと嫌いぞ。

次の世となれば、これまでのように無理に働かなくても、楽に暮らせる嬉しい嬉しの世となるのざが、臣民、今は人の手に握っているものでも叩き落として取るようになりているのざから、神も往生ざぞ。神は臣民楽にしてやりたいのに、楽に慣れて自分でしたように思うて、神をなきものにしたから、今度の難儀になってきたのざぞ。そこにまだ気づかんか。キが元ぞと申してあろがな。早う気づかんと間に合わんぞ。

この神は、従う者には穏やかざが、逆らう者には鬼となるのざぞ。

三月十日《か》　日《ひ》津《つ》久《く》神《のかみ》

第六帖　（二六三）

道場開《びら》き、結構でありたぞ。皆の者、御《ご》苦労ぞ。知らしてあるように道開《ひら》いてくだされよ。天《てん》と地《ち》と合わせ鏡ぞ。一人でしてはならんぞ。桜咲く所、桜と共に花咲くぞ。夏負け、秋負けとなったら、冬負けで泣きあげてはならんぞ。戦済んでからが、いよいよの戦ぞ。褌《ふんどし》締めよ。役員も一度は青なるのざぞ。土潜るのざぞ。九十《こと》、気つけてくれよ。

筆よく読めよ。肝心のこと、分かりてはおらんぞ。一のことぞ。一二三《ひふみ》ざぞ。

三月十一日《にち》

日津久神《ひつくのかみ》

第七帖（二六四）

物、自分のものと思うは天《てん》の賊《ぞく》ぞ。皆、天子様のものざと、くどう申してあるのにまだ分からんか。

行いできて口静かにしてもらうと、何事もすらりとゆくぞ。行ができておらんと、何かのことが遅れるのざぞ。遅れるだけ苦しむのざぞ。

神の国も半分のところには、嫌なことあるぞ。

洗濯できた臣民に元の神がうつりて、さあ今ざというとこになりたら、臣民の知らん働きさして、悪ではできん手柄さして、なした結構なことかとびっくり箱開《あ》くのざぞ。

天《てん》と地《ち》との親の大神様のみことですることぞ。いくら悪神《あくがみ》ジタバタしたとて、手も出せんぞ。この世、三角にしようと四角にしようと、元のこの方《ほう》らの心のままぞ。

あとから来た守護神、先になるから、今の役員そうならんように筆で知らしてあるのざから、よく裏の裏まで読んで腹に入れて、何一つ分からんことのないようにしてくれよ。今に恥ずかしいことになるぞ。

元の大和魂《やまとだましい》のまことの身魂揃《みたまそろ》うたら、人はたくさんなくてもこの仕組成就するのざぞと申してあろが。末代動かぬ世の元の礎《いしずえ》築くのざから、決まりつけるのざから、気つけておくぞ。キが元と申してあろがな。

上《うえ》は上《うえ》の行い、中《なか》は中《なか》、下《しも》は下《しも》の行い、作法あるのざぞ。まぜこぜにしてはならんぞ。この内からキチリキチリと礼儀正しくせよ。

三月十一日《にち》

日津久神《ひつくのかみ》

第八帖　（二六五）

今までのしてきたことが、なるほど天地《てんち》の神の心に背《そむ》いているということ心から分かりて、心からお詫びして改心すれば、この先、末代身魂を構うぞ。借銭負っている身魂は、この世には置いてもらえんことに規則定まったのざぞ。早う皆に知らしてやれよ。

立て壊し、立て直し、一度になるぞ。立て直しの世直し、早うなるもしれんぞ。遅れるでないぞ。立て直し急ぐぞ。立て直しとは、元の代《よ》に、神の代《よ》に返すことざぞ。元の代《よ》と申しても、泥の海ではないのざぞ。なかなかに大層なことであるのざぞ。上下《うえした》グレンと申してあること、よく腹に入れてくれよ。

三月十一日《にち》

日津久神《ひつくのかみ》

第九帖　（二六六）

悪いこと待つは悪魔ぞ。いつ立て替え、大峠が来るかと待つ心は、悪魔に使われているのざぞ。

この筆、世界中に知らすのざ。今までは大目に見ていたが、もう待たれんから、見直し聞き直しないぞ。神の規則どおりにビシビシと出てくるぞ。

世界一平《いったいら》に泥の海であったのを、創り固めたのは国常立命《くにとこたちのみこと》であるぞ。親様を泥の海にお住まい申さすはもったいないぞ。それで天《てん》にお昇《のぼ》りなされたのぞ。岩の神、荒れの神、雨の神、風の神、地震の神殿、この神々様お手伝いでこの世の固めいたしたのであるぞ。元からの龍体《りゅうたい》持たれた荒神《あらがみ》様でないと、今度の御用はできんのざぞ。

世界創り固めてから、臣民作りたのであるぞ。何も知らずに上《うえ》に上《のぼ》りて、神を見下ろしているようで、何でこの世が治まるものぞ。天《てん》と地《ち》との御恩《ご》ということが、神の国の守護神に分かりておらんから、難儀なことがいよいよどうにもならんことになるのぞ。バタバタとなるのぞ。

臣民生まれ落ちたら、産《うぶ》の御水《おんみず》を火で温めて産湯《うぶゆ》を浴びせてもらうであろうが。その御水《おんみず》は、お土からいただくのざぞ。たき火灯《とも》しは、皆、日の大神様からいただくのざぞ。御水《おんみず》と御火《おんひ》と御土《おん》で、この世の息あるもの、生きているのざぞ。そんなことくらい誰でも知っていると申すであろうが、その御恩《ご》ということ知るまいがな。一厘のところ、分かるまいがな。

守護神も曇りているから、神々様にも早うこの筆読んで聞かせてやれよ。世間話に花咲かすようでは、まことの役員とは言われんぞ。桜に花咲かせよ。忙《せわ》しくさしているのざぞ。忙《せわ》しいのは神の恵みざぞ。今の世に忙《せわ》しくなかったら、臣民腐ってしまうぞ。忙《せわ》しく働けよ。

三月十一日《にち》　　　　日津久神《ひつくのかみ》

第十帖　（二六七）

山の谷まで曇りているぞ。曇りた所へ火の雨降《ふ》るぞ。曇りた所には神は住めんぞ。神なき所いよいよざぞ。酷《ひど》いことあるぞ。神がするのでないぞ。臣民自分でするのざぞ。

一日一日《ひとひひとひ》延ばして改心さすようにいたしたなれど、一日《ひとひ》延ばせば千日練り直さなならんから、神はいよいよ鬼となって規則どおりにビシビシと埒《らち》明けるぞ。もう待たれんぞ。どこから何が出てくるか知れんぞと申してあろがな。花火に火つけよ。

日本の国の乱れてきたのは、来られんものを来らしたからぞ。三千年の昔に返すぞ。三万年の昔に返すぞ。三十万年の昔に返さなならんかもしれんぞ。

家内和合できんようでは、この道の取り次ぎとは申されんぞ。和が元ざと申してあろが。和合できぬのは虎と獅子ぞ。どちらにも巡りあるからざぞ。昼も夜《よ》もないのざぞ。坊主、坊主臭くてはならんぞ。

三月十三日《にち》

日津久神《ひつくのかみ》

第十一帖　（二六八）

一二三《ひふみ》とは、限りなき神の弥栄《いやさか》であるぞ。一《ひ》は、始めなき始めであるぞ。けは、終わりなき終わりであるぞ。神の働きが一二三であるぞ。始めなく終わりなく、弥栄《いやさか》の中今《なかいま》ぞ。一二三は神の息吹《いぶき》であるぞ。一二三唱えよ。神人《かみひと》ともに一二三唱えて岩戸開《ひら》けるのざぞ。一二三に溶けよ。一二三と息せよ。一二三着よ。一二三食《お》せよ。始め一二三あり。一二三は神ぞ。一二三は道ぞ。一二三は祓《はら》い清めぞ。祓《はら》い清めとは、弥栄《いやさか》ぞ。神の息ぞ。天子様の息ぞ。臣民の息ぞ。

獣《けもの》、草木の息ぞ。一《ひ》であるぞ。二《ふ》であるぞ。三《み》であるぞ。けであるぞ。れであるぞ。ほであるぞ。◎であるぞ。◉であるぞ。皆の者に一二三唱えさせよ。五柱《ごはしら》、御《おん》働きぞ。八柱《はちはしら》、十柱《とはしら》、御《おん》働きぞ。五十連《いつら》ぞ。いろはぞ。分かりたか。

三月十四日《か》

日津久神《ひつくのかみ》

第十二帖　（二六九）

見苦しき魂《たま》には、見苦しきものうつるぞ。それが病の元ぞ。見苦しき者に、見苦しき魂《たま》当たるぞ。それで早う洗濯掃除と申して、くどう気つけておいたのぞ。

神の試しもあるなれど、所々に見せしめしてあるぞ。早う改心してくれよ。それが天地《てんち》への孝行であるぞ。天子様への忠義であるぞ。

鎮魂《みたましずめ》には、筆読みて聞かせよ。三回、五回、七回、三十回、五十回、七十回で初めはよいぞ。それで分からぬようなれば、お出直しでござる。

三月十五日《にち》

日津久神《ひつくのかみ》

第十三帖（二七〇）

世に落ちておいでなさる御方《おんかた》、御一方《おんひとかた》、龍宮の音姫殿、御守護《ご》あそばすぞ。この方《かた》、天晴《あっぱ》れ表に現れるぞ。

これからは、神徳貰《もら》わんと一寸先《いっすん》へもゆけんことになったぞ。御用さしてくれと申しても、巡りある金《かね》は御用にならんぞ。巡りになるのざ。自分のものと思うのが天《てん》の賊《ぞく》ぞ。これまで世に出ておいでなさる守護神、九分《くぶ》九厘《くりん》まで天《てん》の賊ぞ。

偉い人、いよいよとんでもないことになるぞ。捕われるぞ。痛い目に遭《あ》わされるぞ。今に目覚めるなれど、その時では遅い遅い。お上《かみ》も一時《いちじ》はなくなるのざ。一人一人何でもできるようになりておりてくれと申してあること、近うなりたぞ。

火の大神、気つけてくれよ。どえらいことになるぞ。一厘《いちりん》のことは言わねばならず、言うてはならず、心と心で知らしたいなれど、心で取りてくだされよ。よく筆読んで悟りてくれよ。神頼むのざぞ。

三月十六日《にち》

日《ひ》津《つ》久神《くのかみ》

第十四帖　（二七二）

三月三日《か》から更に厳しくなるから、用意しておけよ。五月五日《か》から更に更に厳しくなるから、更に用意して、どんなこと起こってもビクともせんように心しておいてくれよ。心違うているから、臣民の思うことの逆さばかりが出てくるのざぞ。九月八日《か》の仕組、近づいたぞ。

この道は結び、一二三《ひふみ》とひらき、皆結び、神々地に成り、ことごと弥栄え、戦尽き果《は》つ大道ぞ。一時《いちじ》はこの中も火の消えたように寂《さび》しくなってくるぞ。その時になってお蔭《かげ》落とさんようにしてくれよ。神の仕組いよいよ世に出るぞ。三千年の仕組晴れ晴れと、富士は晴れたり日本晴れ。桜花《さくらばな》、一二三《ひふみ》と咲くぞ。

三月十七日《にち》

日津久神《ひつくのかみ》

第十五帖　（二七二）

まこと申すと、耳に逆らうであろが。その耳、取り替えてしまうぞ。我《われ》に分からん巡りあるぞ。今度は親子でも夫婦でも、同じように裁くわけにはゆかんのざ。子が天国で親地獄というようにならんようにしてくれよ。一家揃《そろ》うて天国身魂となってくれよ。国、皆揃うて神国《かみぐに》となるよう努めてくれよ。

巡りは一家分け合って、国中分け合って借銭なしにしてくだされよ。天明《てんめい》代わりに詫《わ》びしてくれよ。役員代わりて詫びしてくれよ。

この筆腹に入れておれば、どんなことが出てきても、胴据わるから心配ないぞ。あなない、元津神々、人の世ひらき和し、ことごとくの神人満つ道。勇み出《い》で、すべては一二三《ひふみ》、一二三となり、和し勇む大道。

三月十九日《にち》

日津久神《ひつくのかみ》

第十六帖 （二七三）

元津神代の道は満つ。一時は闇《やみ》の道、ひらき極み、富士の代々、鳴り成るには、弥栄に変わり和すの道。道は弥栄。一二三《ひふみ》、道出《い》で睦《むつ》び、月の神足り足りて成り、新しき大道満つ。神々満ち、えらぎ、百千万のよきこと極む。いよいよとなり、何もかも百千とひらき、道栄え、道極み進み、道極み、真理の真理極む。元の光の神々えらぎ、更に進む世、和合まずなりて百《もも》の世極みなる。世に光る神々の大道、神々ことごとにえらぎて、大道いよいよ展《ひら》き進みて、大真理、世界の三つは一と和し、鳴り成りて始めてまことの愛の代、極み来る。弥栄の代の神、人、神人分け隔てなく光り輝き、道は更に極みの極みに進み動き、ありとあることごとくの成り結び、更に新しく更に極むるの大道。神代歓喜の代々。

三月二十日《か》

日津久神《ひつくのかみ》

第十七帖（二七四）

すり鉢に入れてこね回しているのざから、一人逃《のが》れようとて逃《のが》れることできんのざぞ。逃《のが》れようとするのは我《われ》よしざぞ。

今の仕事、五人分も十人分も精出せと申してあろがな。急ぐでないぞ。その御用済みたら、次の御用に掛からすのざから、この世の悪も善も皆御用と申してあろが。身魂相当の御用いたしているのざぞ。仕事しながら筆腹に入れてゆけば、仕事だんだん変わるのざぞ。

筆、声立てて読むのざと申してあること、忘れるなよ。その上《うえ》で、人にこの道伝えてやれよ。無理するでないぞ。

我《が》捨てて大き息吹《いぶき》に溶けるのざぞ。神の息吹《いぶき》に溶け入るのざぞ。御御稜威《ごみいづ》に溶け入るのざぞ。

いよいよ筆、一二三《ひふみ》となるぞ。一二三とは息吹《いぶき》ぞ。耳（御身《みみ》）に知らすぞ。言わねばならぬから、一二三として、息吹《いぶき》として知らすぞ。筆よく読めば分かることぞ。筆読めよ。読むと筆出るぞ。

この巻はキの巻と申せよ。

富士は晴れたり、世界（㊉）晴れ。岩戸開《あ》けたり、世界晴れぞ。

三月二十日《にち》

日津久神《ひつくのかみ》

第十巻　水《みず》の巻　全十七帖

自　昭和二十年旧三月　十日
至　昭和二十年　六月二十三日

第一帖　（二七五）

水の巻、書き知らすぞ。

見渡す限り雲もなく　富士は晴れたり日本晴れ
海は晴れたり日本晴れ　港々に日の丸の
旗翻《ひるがえ》る神の国

それまでに、言うに言われんことあるなれど、頑張りてくだされよ。水もなくなるぞ。

天子様、拝《おろが》みてくれよ。天子様は神と申して知らしてあろがな。まだ分からんか。

地《くに》の神大切せよと聞かしてあろが。神様にお明《あか》しばかり供えてはまだ足らぬのぞ。お明《あか》しと共に水捧げなならんのざぞ。火と水ぞと申してあろ。筆よく裏の裏まで読みてくだされよ。

守護神殿祭りてくれよ。まつらねば力現れぬぞ。守護神殿は拍手《かしわで》四つ打ちて拝《おろが》めよ。

元の生き神様には、水がどうしても要るのざぞ。火ばかりでは力出ぬのざぞ。分かりたか。

曇りなく空は晴れたり

旧三月十日《か》

水之日津久神《みずのひつくのかみ》

第二帖　（二七六）

ひふみ　よいむなや　こともちろらね

しきる　ゆゐつわぬ　そをたはくめか
うおえ　にさりへて　のますあせゑほれけ

一二三《ひふみ》祝詞《のりと》であるぞ。

高天原《たかあまはら》に神留《つま》ります　神漏岐《かむろき》　神漏美《かむろみ》の命《みこと》もちて　皇親神伊耶那岐命《すめみおやかむいざなきのみこと》　筑紫《つくし》の日向《ひむか》の橘《たちばな》の小門《おど》の阿波岐原《あわぎはら》に　禊祓《みそぎはら》い給《たま》う時に成りませる祓戸《はらえど》の大神達　諸々の禍事《まがこと》罪穢《けが》れを　祓《はら》え給え清め給えと白《もう》すことの由《よし》を　天津神《あまつかみ》　国津神《くにつかみ》　八百《やお》万《よろず》の神達ともに　天《あめ》の斑駒《ふちこま》の耳振り立てて聞こし食《め》せと　恐《かしこ》み恐《かしこ》みも白《もう》す
天之日津久神《あめのひつくのかみ》　守り給え幸《さちわ》え給え
天之日津久神《あめのひつくのかみ》　弥栄《やさか》ましませ弥栄《いやさか》ましませ
一二三四五六七八九十《ひとふたみよいつむゆななやここのたり》

旧三月十日《か》

水之日津久神《みずのひつくのかみ》

第三帖　（二七七）

神の子は、神としての自分養うことも、務めの一つであるぞ。取り違いすると大層なことになるから、気つけておくぞ。

書かしてある御《ご》神名は、御《ご》神体として祭りてもよく、お肌守《はだまも》りとしてもよいぞ。皆に多く分けてやれよ。御《ご》神名いくらでも書かすぞ。その用意しておいてくれよ。神急ぐぞ。

祓祝詞《はらえのりと》、書き知らすぞ。

掛けまくも畏《かしこ》き伊邪那岐大神《いざなきのおおかみ》　竺紫《つくし》の日向《ひむか》の橘《たちばな》の小門《おど》の阿波岐原《あわぎはら》に　禊祓《みそぎはら》え給《たま》う時に成りませる衝立船戸神《つきたつふなとのかみ》　道之長乳歯神《みちのながちはのかみ》　時量師神《ときおかしのかみ》　和豆良比能宇斯能神《わつらひのうしのかみ》

道俣神《ちまたのかみ》　飽咋之宇斯能神《あきくひのうしのかみ》　奥疎神《おきさかるのかみ》　奥津那芸佐毘古神《おきつなぎさびこのかみ》　奥津甲斐弁羅神《おきつかひへらのかみ》

辺《へ》疎神《さかるのかみ》　辺津那芸佐毘古神《へつなぎさひこのかみ》　辺津甲斐弁羅神《へつかひへらのかみ》　八十禍津日神《やそまがつひのかみ》　大禍津日神《おおまがつひのかみ》
神直毘神《かむなおひのかみ》　大直毘神《おほなおひのかみ》　伊豆能売神《いづのめのかみ》　底津綿津見神《そこつわたつみのかみ》　底箇之男神《そこつつのをのかみ》　中津綿津見神《なかつわたつみのかみ》
中箇之男命《なかつつのおのみこと》　上津綿津見神《うわつわたつみのかみ》　上箇之男命《うわつつのおのみこと》　祓戸四柱《はらえどよはしら》の神達共に　諸々の禍事《まがこと》罪
穢《けが》れを　祓《はら》え給え清め給えと白《もう》すことを聞こし食《め》せと　恐《かしこ》み恐《かしこ》みも白《もう》す

次に誓《うけ》いの言葉知らすぞ。

御《ご》三体の大神様　御《ご》三体の大神様　日津久大神《ひつきのおおかみ》様　国常立大神《くにとこたちのおおかみ》様　豊雲野大《とよくもぬのおお》神《かみ》様　月の大神様　素戔鳴大神《すさなるのおおかみ》様　雨の神様　風の神様　岩の神様　荒れの神様　地震の神様　木《き》の神様　金《かね》の神様　日の神様　日の出の神様　龍宮の乙姫様　八百万《やおよろず》の生き神様　ことに五十鈴《いすず》にます天照皇大神宮《てんしょうこうたいじんぐう》様　豊受大神《とようけのおおかみ》様をはじめ奉《たてまつ》り　世の中の生き神様　産土《うぶすな》の大神様の御前《おんまえ》に　広き篤《あつ》き御《ご》守護のほど　ありがたく尊く御《おん》礼申し上げます　この度の岩戸開《びら》きには　千万《ちよろず》弥栄《いやさか》のお働き願い上げます　天地《あめつち》のむた　弥栄《いやさか》に栄えまさしめ給い　世界のありと

ある臣民　一日《ひとひ》も早く改心いたしまして　大神様の御旨《み》に添い奉《まつ》り　大神様の御《み》心の随《まにま》に　神国成就《かみぐにじょうじゅ》のため働きますよう　お守りくださいませ　そのためこの魂《たま》この身は　何とぞ　いかようにでもお使いくださいませ　御《み》旨の随《まにま》にまことの神国《かみぐに》の御《み》民としての務めを務めさしていただくよう　鞭《むち》打ち御《ご》守護くださいませ
惟神《かんながら》　霊幸倍《たまちはえ》ませ　弥栄《いやさか》ましませ

次に御《ご》先祖様の拝詞《はいし》知らすぞ。

これの御霊舎《みたまや》に神鎮《かみしず》まります　遠津御祖神《とおつみおやのかみ》　代々《よよ》の祖神《おやがみ》達の御前《みまえ》　また親族《うから》家族《やから》の御霊《みたま》の御前《おんまえ》に　謹《つつし》み敬《うやま》いも白《もう》す　これの家《うち》には諸々の禍事罪穢《けが》れあらしめず　夜《よ》の守り日の守りに守り幸《さきわ》い給い　まこと神国《かみぐに》の御《み》民としての務めを全うせしめ給え　夜《よ》の守り日の守りに守り　捧ぐるものの絶え間なく　子孫《うみのこ》の弥《いや》栄継《さかつ》ぎに栄えしめ給えと　恐《かしこ》み恐《かしこ》みも白《もう》す

惟神《かんながら》　霊幸倍《たまちはえ》ませ　惟神《かんながら》　霊幸倍《たまちはえ》ませ

一本の草でも干して蓄えておけよと申してあろがな。

四月二十三日《ち》　水之日津久神《みずのひつくのかみ》

第四帖　（二七八）

お宮も土足にされる時が来る。お蔭《かげ》落とさんように気つけよ。勲章《くんしょう》も何にもならん時が来る。まこと一つに頼れ人々。

二十四日《か》　水之日津久神《みずのひつくのかみ》

第五帖　（二七九）

外国のことはなくなるぞ。江戸の仕組、旧五月五日までに終わりてくれよ。あとはいよいよとなるぞ。神が申した時にすぐ何事《か》もいたしてくれよ。時過ぎると成就せんことあるのざぞ。桜花《さくらばな》、一時《いちじ》に散ることあるぞ。いよいよ松の世となるのぞ。万劫《まんごう》変わらぬ松の世となるのざぞ。松の国、松の世、結構であるぞ。この筆、声出して読み上げてくれよ。くどう申してあろがな。言霊《ことだま》高く読みてさえおれば、結構が来るのざぞ。人間心《にんげんごころ》出してはならんぞ。

五月一日《にち》

水之日津久神《みずのひつくのかみ》

第六帖　（二八〇）

キが元ぞと申してあろがな。神国《かみぐに》負けるという心、言葉は悪魔ざぞ。本土上陸というキは悪魔ざぞ。キ大きく持ちてくだされよ。島国日本に囚われてくれるなよ。小さいこと思うていると見当取れんことになるぞ。

一食《ひ》べよ。二食《ふ》べよ。食べるには噛むことぞ。噛むとは神ざぞ。神に供えてから噛むのざぞ。噛めば噛むほど神となるぞ。神国《かみぐに》ぞ。惟神《かみながら》の国ぞ。神ながら仕事してもよいぞ。

青山も泣き枯る時あると申してあろが。日に千人《ちひと》食い殺されたら、千五百《ちいほ》の産屋《うぶや》建てよ。神伊耶那岐神《かむいざなきのかみ》の御《おん》教えぞ。神嫌う身魂《みたま》は臣民も嫌うぞ。

五月二日《か》

水之日津久神《みずのひつくのかみ》

第七帖　（二八一）

皆病気になりていること分からぬか。一二三祝詞《ひふみのりとの》宣りて治してやれよ。筆読みて治してやれよ。自分でも分からぬ病になっているぞ。早う治さぬと、どうにもならんことになってくるぞ。

ここの宮、仮であるぞ。真中に富士の山造り、その周りに七つの山造りてくれよ。拝殿《はいでん》造りくれよ。筆書かす所、造りてくれよ。天明《てんめい》休む所造りてくれよ。

いずれも仮《か》でよいぞ。早うなされよ。

松の心にさえなりておれば、何事もすくすくゆくぞ。

五月四日

水之日津久神《みずのひつくのかみ》

第八帖　（二八二）

鎮座《ちんざ》は六月の十日《か》であるぞ。筆書かしてまる一年ぞ。筆で知らしてあろが。それからがいよいよの正念場ざぞ。びっくり箱開《あ》くぞ。

五月四日《か》

水之日津久神《みずのひつくのかみ》

第九帖　（二八三）

富士は晴れたり、日本晴れ。

いよいよ岩戸開《ひら》けるぞ。お山開《びら》き、まこと結構。松の国、松の御《み》世となるぞ。旧九月八日《か》から大祓祝詞《おおはらいのりと》に天津祝詞《あまつのりと》の太祝詞《ふとのりと》、一二三祝詞《ひふみのりと》、九十《こと》入れて宣《の》れよ。忘れずに宣れよ。その日からいよいよ神は神、獣《けもの》は獣《けもの》となるぞ。江戸道場やめるでないぞ。お山へ移してよいぞ。役員一度辞めてよいぞ。また務めてよいぞ。

巡りあるから心配あるのぞ。巡りなくなれば心配なくなるぞ。心配ないのが、富士は晴れたりぞ。富士晴れ結構ぞ。ヒックの御民《み》、いずれも富士晴れ心でおりてくだされよ。

肉体ちっとの間《ま》であるが、魂《たま》は限りなく栄えるのざぞ。金《きん》に難渋《なんじゅう》して負けぬようにしてくだされよ。金《きん》、馬鹿にしてはならんぞ。焦るでないぞ。焦ると心配事できるぞ。

神が仕組みてあること、臣民がしようとてできはせんぞ。細工は流々《りゅうりゅう》、滅多に間違いないのざぞ。見物《けんぶつ》してござれ。見事してみせるぞ。

不和の家《いえ》、不和の国の捧げ物、神は要らんぞ。喜びの捧げ物、米一粒でもよいぞ。神は嬉しいぞ。

旧九月八日《か》、止《とど》めぞ。

六月二日《か》

水之日津久神《みずのひつくのかみ》

第十帖　(二八四)

五大洲引っ繰り返っていること、まだ分からぬか。肝心要《かんじんかなめ》のことざぞ。七大洲となるぞ。八大洲となるぞ。

今の臣民に分かるように申すならば、御《ご》三体の大神様とは、天之御中主神《あめのみなかぬしのかみ》様、高御産巣日神《たかみむすひのかみ》様、神産巣日神《かみむすひのかみ》様、伊耶那岐神《いざなきのかみ》様、伊耶那美神《いざなみのかみ》様、撞賢木向《つきさかきむか》津媛神《つひめのかみ》様でござるぞ。

雨の神とは天之水分神《あめのみくまりのかみ》、国之水分神《くにのみくまりのかみ》、風の神とは志那都比古神《しなどひこのかみ》、志那都比《しなどひ》売神《めのかみ》、岩の神とは石長比売神《いわながひめのかみ》、石門別神《いわとわけのかみ》、荒れの神とは大雷之男神《おおいかづちのをのかみ》、若雷之男《わかいかづちおの》神《かみ》、地震の神とは建御雷神《たけみかづちのかみ》、経津主神《ふつぬしのかみ》々様の御《おん》事でござるぞ。

木《き》の神とは木花開耶姫《このはなさくやひめ》、金《かね》の神とは金勝要神《きんかつかねのかみ》、火の神とは稚比売君神《わかひめきみのかみ》、日の出の神とは日子穂穂出見神《ひこほほでみのかみ》、龍宮の乙姫殿とは玉依毘売神《たまよりひめのかみ》様の御《おん》事でござるぞ。

この方《ほう》のこと、いずれ分かりてくるぞ。今はまだ知らしてならんことぞ。知らす時節近づいたぞ。
六月十一日《にち》

水之日津久神《みずのひつくのかみ》

第十一帖 （二八五）

神第一とすれば神となり、悪魔第一とすれば悪魔となるぞ。何事も神第一、結構。

カイの返し（言霊《ことだま》）、キざぞ。キが元ざと知らしてあろが。甲斐《かい》の御用に掛かりてくれよ。

何という結構なことであったかと、初めは苦しいなれど、皆が喜ぶようになってくるのざぞ。先楽しみに苦しめよ。ギュウギュウと締めつけて、目の玉が飛び出ることあるのざぞ。そこまでに曇りているのざぞ。激しく洗濯するぞ。かあいい子、谷底に突き落とさなならんかもしれんぞ。

いよいよ神が表に現れて、神の国に手柄立てさすぞ。神国《かみぐに》、光り輝くぞ。日本には、まだまだ何事あるか分からんぞ。早く一人でも多く知らしてやれよ。

魂《たま》磨けば、磨いただけ先が見え透《す》くぞ。先見える神徳、与えるぞ。いくら偉い役人頑張りても、今までのことは何も役に立たんぞ。新しき光の世となるのぞ。古きもの脱ぎ捨てよと申してあろがな。まこと心《ごころ》になりたならば、自分でも分からんほどの結構出てくるぞ。手柄立てさすぞ。

いくら我《が》張りても、我《が》では通らんぞ。我《が》折りて素直になりてくだされよ。これでよいということないぞ。いくら努めても努めても、これでもうよいということはないのざぞ。

神の一厘《いちりん》の仕組分かりたら、世界一列一平《いちれついったいら》になるぞ。枡掛《ますか》け引いて、世界の臣民、人民勇みに勇むぞ。勇むこと、この方《ほう》嬉しきぞ。富士はいつ爆発するのざ、どこへ逃げたら助かるのぞという心、我《われ》よしぞ。

どこにいても救う者は救うと申してあろが。
悪き待つキは悪魔のキざぞ。結構が結構生むのざぞ。
六月十一日《にち》

水之日津久神《みずのひつくのかみ》

第十二帖　（二八六）

人間心には我《が》があるぞ。神心《かみごころ》には我《が》がないぞ。我《が》がなくてもならんぞ。我《が》があってはならんぞ。我《が》がなくてはならず、あってはならん道理分かりたか。神に溶け入れよ。天子様に溶け入れよ。我《が》なくせ。我《が》出せよ。

立て替えと申すのは、神界、幽界、現界にある今までのことを、綺麗に塵一つ残らぬように洗濯することざぞ。今度という今度は、どこまでも綺麗さっぱりと立て替えするのざぞ。

立て直しと申すのは、世の元の大神様の御《み》心のままにすることぞ。御《み》光の世にすることぞ。天子様の御稜威《みいづ》輝く御世《みよ》とすることぞ。

政治も経済も何もかもなくなるぞ。食べる物も一時《いちじ》はなくなってしまうぞ。覚悟なされよ。

正しくひらく道。道鳴り出《い》づ。はじめ苦し、展きいて、月鳴る道は弥栄。地ひらき、世ひらき、世結び、天地栄ゆ。はじめ和の道。

世界の臣民、天子様拝《おろが》む時来るのざぞ。邪魔せずに見物《けんぶつ》いたされよ。御用はせならんぞ。

この筆読めよ、声高く。この筆血とせよ。益人《ますひと》となるぞ。

天地《てんち》まぜこぜとなるぞ。

六月十二日《にち》

水之日津久神《みずのひつくのかみ》

第十三帖　（二八七）

火と水と申してあろがな。火続くぞ。雨続くぞ。火の災いあるぞ。水の災いあるぞ。火のお蔭《かげ》あるぞ。水の災い気つけよ。火と水、入り乱れての災いあるぞ。近うなりたぞ。火と水の御恵《み》みあるぞ。一時《いちじ》は神のことも大き声して言えんことあるぞ。それでも心配するでないぞ。富士晴れるぞ。

家族、幾人いても金《かね》要らぬであろが。主《あるじ》どっしりと座りておれば治まっておろが。神国《かみぐに》の型残してあるのざぞ。

国治めるに政治は要らぬぞ。経済要らぬぞ。神拝《おろが》めよ。神祭れよ。天子様拝《おろが》めよ。何もかも皆神に捧げよ。神からいただけよ。神国《かみぐに》治まるぞ。戦も収まるぞ。

今の臣民、口先ばかりでまこと申しているが、口ばかりではなお悪いぞ。言《こと》やめて仕え奉《まつ》れ。

でんぐり返るぞ。

六月十三日

水之日津久神《みずのひつくのかみ》

第十四帖　（二八八）

今までは闇《やみ》の世であったから、どんな悪いことしても闇に逃《のが》れることできてきたが、闇の世はもう済みたぞ。思い違う臣民たくさんあるぞ。どんな集いでも大将は皆思い違うぞ。早うさっぱり心入れ換えてくだされよ。神の子でないと、神の国には住めんことになるぞ。外国へ逃げてゆかならんぞ。二度と帰れんぞ。外国ゆきとならぬよう、根本《こんぽん》から心入れ換えてくれよ。日本の国の臣民、皆兵隊さんになった時、一度にどっと大変が起こるぞ。皆思い違うぞ。

甲斐《かい》の御用はキの御用ぞ。それが済みたら、まだまだ御用あるぞ。ゆけどもゆけども草ボウボウ、どこから何が飛び出すか、秋の空グレンと変わるぞ。

この方《ほう》、化けに化けて残らずの身魂調べてあるから、身魂の改心なかなかに難しいから、今度という今度は天《てん》の規則どおりビシビシと埒《らち》つけるぞ。

御《ご》三体の大神様、三日《か》この世を構いなさらぬと、この世はクニャクニャとなるのざぞ。結構近づいているのざぞ。大層が近づいているのざぞ。

この筆読みて、神々様にも守護神殿にも聞かせてくれよ。

いよいよ天之日津久神様《あめのひつくのかみさま》、御《おん》懸りなされるぞ。

旧五月五日《か》

水之日津久神《みずのひつくのかみ》

第十五帖　（二八九）

ヒノハルは一の宮と道場であるぞ。オミナは中山ぞ。奥山も造らすぞ。富士、火吐かぬよう、拝《おろが》みてくれよ。大難小難にまつり変えるよう、拝《おろが》みてくれよ。

食べ物いただく時は、よくよく噛めと申してあろが。上《うえ》の歯は火ざぞ、下《した》の歯は水ざぞ。火と水と合わすのざぞ。神漏岐《かむろき》、神漏美《かむろみ》ぞ。噛むと力生まれるぞ。血となるぞ。肉となるぞ。

六月十七日《にち》　　日津久神《ひつくのかみ》

第十六帖　（二九〇）

甲斐《かい》の祭り、結構でありたぞ。カンベ、タケシタ、ヤノ、ササキ、御《ご》苦労であったぞ。皆の者、お山御苦《ご》労であったぞ。ミエタ、サイトウ、カトウ、ツヅキ、ササキ、アサカワ、イシモト、カンベ、タケシタ、カドタ、ヤノ、サトウ、タカギ、ジンボ、ショウダ、タカダ、御《ご》苦労であったぞ。天明《てんめい》、御《ご》苦労ぞ。まだまだ御《ご》苦労あるぞ。

霊《たま》の宮、造りてよいぞ。

我《われ》のこと言われて腹の立つような小さい心では、今度の御用できはせんのざぞ。心大きく持てと申してあろがな。

六月二十日《か》

日津久神《ひつくのかみ》

第十七帖　（二九二）

甲斐《かい》の御用は、キの御用であるぞ。臣民はミの御用務めてくれよ。キとミの御用であるぞ。ミの御用とは、体の御用であるぞ。身養う正しき道開《ひら》いて、伝えてくれよ。今までの筆読めば分かるようにしてあるぞ。キの御用に使う者もあるぞ。キミの御用さす者もあるぞ。

奥山は男《おのこ》の山に開《ひら》いてくれよ。御《ご》苦労ながら結構な御《おん》役であるから、御《ご》苦労であるぞ。

お守りの石、ドシドシ下げてよいぞ。

水の巻、これで終わりぞ。

六月二十三日《にち》

水之日津久神《みずのひつくのかみ》

第十一巻　松の巻　全二十九帖

自　昭和二十年六月十七日
至　昭和二十年七月十九日

第一帖　（二九二）

富士は晴れたり、世界晴れ。

三千世界、一度に晴れるのざぞ。世の元の一粒種《ひとつぶだね》の世となったぞ。松の御世《みよ》となったぞ。世界中に揺すりて目覚ますぞ。三千年の昔に返すぞ。煎《い》り豆、花咲くぞ。上下《うえした》引っ繰り返るぞ。水も漏らさん仕組ぞ。

六月十七日《にち》　　天之日津久神《あめのひつくのかみ》

第二帖　（二九三）

神の国を足の踏む所ないまでに穢《けが》してしもうているが、それで神力《しんりき》は出ぬぞ。臣民なくなるぞ。残る臣民、三分《さんぶ》難しいぞ。三分《さんぶ》と思えども二分《にぶ》であるぞ。邪魔せぬように、分からん臣民、見物《けんぶつ》してござれ。ここまで知らして目覚めん臣民人民なら、手引いて見ていてござれ。見事仕上げてみせるぞ。
雀《すずめ》チウチウ、烏《からす》カウカウ。

六月十八日《にち》

天之日津久神《あめのひつくのかみ》

第三帖 （二九四）

神激しく、人民静かにせよ。言うたこと、必ず行わねばならんぞ。天《てん》から声あるぞ。地《ち》から声あるぞ。身魂《みたま》磨けばよく分かるのざぞ。旧九月八日《か》までに綺麗に掃除しておけよ。残る心、獣《けだもの》ぞ。神となれば、食うことも着ることも住む家《いえ》も心配なくなるぞ。日本晴《にほんば》れとはそのことざぞ。

六月十九日《にち》

天之日津久神《あめのひつくのかみ》

第四帖　（二九五）

いくらまこと申してもまことは喉へつかえて飲み込めぬから、まことの所へは人民なかなか集まらんなれど、今度の御用は臣民たくさんは要らんぞ。何もかも神が仕組みているのざから、人民しようとしても何もできはせんぞ。神の気概《きがい》に適《かな》わん人民は、地《ち》の下《した》になるのざぞ。筆分からねば、一度捨ててみると分かるのざぞ。

六月二十日《か》　　天之日津久神《あめのひつくのかみ》

第五帖　（二九六）

この先どうしたらよいかということは、世界中、金《かね》の草鞋《わらじ》で探してもここよりほか分からんのざから、改心して訪ねてござれ。手、取りて善き方《ほう》に回してやるぞ。

神の国の政治は、もの活かす政治と申してあろが。もの活かせば、経済も政治も要らんぞ。金《かね》もの言う時から、物もの言う時になっているが、物もの言わん時来るぞ。まこともの言う時来るぞ。石もの言う時来るぞ。

六月二十一日《にち》の朝

天之日津久神筆《あめのひつくのかみふで》

第六帖 （二九七）

今の世に出ている守護神、悪神《あくがみ》を天《てん》の神と思っているから、なかなか改心難しいぞ。今までの心すくりと捨てて、生まれ赤子となりてくだされと申してあろが。早う改心せねば間に合わん。残念ができるぞ。

この筆、分からんうちから分かりておらんと、分かりてから分かりたのでは、人並みざぞ。

地《ち》の規則、天《てん》の規則となることもあるのざぞよ。
六月二十二日《にち》

天之日津久神筆《あめのひつくのかみふで》

第七帖　（二九八）

偉い人、皆虜《とりこ》となるぞ。夜明け近うなったぞ。夜《よ》、明けたら何もかもはっきりするぞ。夜明け前は闇《やみ》より暗いぞ。慌てるでないぞ。神の国、一度負けたようになって終《しま》いには勝ち、また負けたようになって、勝つのざぞ。腹の中の芥《ごもく》、一度に引っ張り出してもならぬし、出さねば間に合わんし、いよいよ荒事《あらごと》に掛かるから、そのつもりで覚悟よいか。分からん人民、退《ど》いて邪魔せずに見物してござれよ。

六月二十三日《にち》

天之日津久神《あめのひつくのかみ》

第八帖　（二九九）

神の国には、昔から神の民より住めんのであるぞ。外国身魂は外国ゆき。一《いっ》寸《すん》の住むお土も神国《かみぐに》にはないのぞ。渡れん者が渡りて、穢《けが》してしもうているぞ。日本の人民、大和魂《やまとだましい》どこにあるのざ。大和魂《やまとだましい》とは、神と人と溶け合った姿ぞ。

戦いよいよ激しくなると、日本の兵隊さんもこれは敵《かな》わんということになり、神はこの世にいまさんということになってくるぞ。それでどうにもこうにもならんことになるから、早う神に縋《すが》れと申しているのぞ。まこともって縋れば、その日からよくなるぞ。神力《しんりき》現れるぞ。

今度の立て替えは、この世始まってないことであるから、戦ばかりで立て替えできんぞ。世界隅々まで掃除するのであるから、どの家《いえ》もどの家《いえ》も、身魂も身魂も、隅々まで生き神が改めるのざから、辛《つら》い人民たくさんにできるぞ。

御霊《みたま》の神がいくら我《が》張っても、人民にうつっても、今度は何もできはせんぞ。世の元からの生き神でないことには、できないのであるぞ。それで素直に言うこと聞けとくどう申すのぞ。

今度は、神の道もさっぱりと作り替えるのざぞ。臣民の道は元より、獣《けもの》の道も作り替えぞ。戦の手伝いくらい誰でもできるが、今度の御用はなかなかに難しいぞ。

赤いものが赤い中見ると色ないと思うのぞ。気つけてくれよ。悪神《あくがみ》の守護となれば、自分で正しいと思うこと、悪となるのざぞ。悪も改心すれば助けてやるぞ。海の御《ご》守護は龍宮の乙姫様ぞ。海の兵隊さん、龍宮の乙姫殿祭りくれよ。まつわりくれよ。龍宮の乙姫殿の御《ご》守護ないと、海の戦はけりつかんぞ。

朝日照る、夕日ただ射す所に、宝生《い》けておいてあるぞ。宝いよいよ世に出るぞ。人民の改心第一ぞ。顔は今日《きょう》でも変わるぞ。民の改心なかなかぞ。

六月二十三日《ち》

天之日津久神《あめのひつくのかみ》

第九帖　（三〇〇）

悪のやり方は、初めはどんどんゆくなれど、九分《くぶ》九分《くぶ》九厘《くりん》でグレンぞ。善のやり方、初め辛《つら》いなれど先ゆくほどよくなるぞ。

この世に何一つできんということない、この方《ほう》のすることぞ。言うこと聞かねば、聞くようにして聞かすぞ。因縁だけのことはどうしてもせねば、今度の峠は越せんのざぞ。ここの役員は、皆、因縁身魂ばかり。苦労しただけお蔭《かげ》あるぞ。

六月二十四日

天之日津久神《あめのひつくのかみ》記す

第十帖　（三〇一）

今度役目決まったら、末代続くのざぞ。筆に出たとおりの規則となるぞ。善も末代ぞ。悪も末代ぞ。

この世は一つであるぞ。我《われ》の体、我《われ》に自由にならぬ時来たぞ。神に縋《すが》るより仕方なくなって縋ったのでは、間に合わんぞ。

今度は、いろはの世に戻すぞ。一二三《ひふみ》の世に戻すぞ。素直にすれば魂《たま》入れ換えて、善い方《ほう》に回してやるぞ。喜びの身といたしてやるぞ。

六月二十四日

天之日津久神《あめのひつくのかみ》しるす

第十一帖　（三〇二）

今の法律、この方《ほう》嫌いぢゃ。嫌いのものなくするぞ。

凝り固まると害《そこな》うぞ。

この道、中ゆく道と申してあろが。あれならヒツクの御民《み》ぞと世間で言うような行いせねばならんぞ。

神の国と申すものは、光の世、喜びの世であるぞ。虫けらまで、天子様の御《み》光に集まる喜びの世であるぞ。見事この方《ほう》についてござれ。手、引っ張って峠越さしてやるぞ。

六月二十五日《にち》

天之日津久神《あめのひつくのかみ》

第十二帖　（三〇三）

前にも立て替えはあったのざが、三千世界の立て替えではなかったから、どの世界にでも少しでも曇りあったら、それが大きくなって、悪は走れば苦労に甘いから、神々様でも悪に知らず知らずなってくるのざぞ。それで今度は元の生き神が天晴《あっぱ》れ現れて、悪は影さえ残らぬよう、根本《こんぽん》からの大洗濯《おおせんたく》するのぞ。

神々様、守護神殿、今度は悪は影も残さんぞ。早う改心なされよ。立て替えのこと、学や知では分からんぞ。

六月二十八日

天之日津久神《あめのひつくのかみ》

第十三帖　（三〇四）

この世界は浮島《うきしま》であるから、人民の心どおり、悪くもなり良くもなるのざぞ。食う物ないと申して歩き回っているが、餓鬼《がき》に食わす物は、もういくら探してもないのぞ。人は神の子ざから、食うだけの物は与えてあるぞ。神の子に餓え死にはないぞ。弥栄《いやさか》のみぞ。

ここは、まず世界の人民の精神良くする所であるから、改心せねばするようにいたすぞ。分からんのは我《われ》構う人、慢心しているからぞ。

旧五月十六日《にち》

第十四帖　（三〇五）

裏切る者たくさん出てくるぞ。富士と鳴門《なると》の仕組、諏訪《すわ》、マアカタ（麻賀多《まかた》）の仕組、榛名《はるな》、甲斐《かい》の御用なされよ。

悪の総大将よ、早う改心なされ。悪の神々よ、早う改心結構であるぞ。いくら焦りて足掻《あが》いても神国《かみぐに》の仕組は分かりはせんぞ。悪とは申せ、大将になる身魂。改心すれば、今度はいつまでも結構になるのぞ。日本の臣民人民、皆思い違うと、くどう知らしてあろが。まだ我《が》捨てぬか。水でも掃除するぞ。

六月二十九日《にち》

天之日津久神筆《あめのひつくのかみふで》

第十五帖　（三〇六）

この筆、産《うぶ》のままであるから、そのつもりで取りてくれよ。嘘は書けん根本《こんぽん》ざから、この筆どおりに天地《てんち》の規則決まるのざぞ。心得て次の世の御用に掛かりてくれよ。世界のことざから、少しくらいの遅し早しはあるぞ。間違いないことざぞ。

大将が動くようでは、治まらんぞ。真中動くでないと申してあろうが。この世の頭《かしら》から改心せねば、この世治まらんぞ。この方《ほう》頼めば、みことでお蔭《かげ》やるぞ。

龍宮の乙姫殿、激しき御《ご》活動ぞ。

六月三十日《にち》

天之日津久神《あめのひつくのかみ》記す

第十六帖　（三〇七）

火と水と組み組みて地《つち》ができたのであるぞ。地《つち》の饅頭《まんじゅう》の上《うえ》に、初めに生えたのが松であったぞ。松は元の木ざぞ。松植えよ。松供えよ。松神籬《ひもろぎ》とせよ。松玉串《たまぐし》とせよ。松食《お》せよ。いつも変わらん松心《まつごころ》となりてくだされよ。松からいろいろなもの生み出されたのぞ。松の国と申してあろがな。

七月一日《にち》

天之日津久神《あめのひつくのかみ》

第十七帖　（三〇八）

釈迦《しゃか》祭れ。キリスト祭れ。マホメット祭れ。甲斐《かい》の奥山は五千の山に祭りくれよ。七月の十《じゅう》と二日《か》に天晴《あっぱ》れ祭りてくれよ。いよいよ富士晴れるぞ。今の人民、善いと思っていること、間違いだらけざぞ。ここまでよくも曇りなされたな。
二の山、三の山、四の山に祭りくれよ。まだまだ祭る神様あるぞ。

七月の二日《か》

天之日津久神《あめのひつくのかみ》

第十八帖（三〇九）

人民同士の戦では敵《かな》わんということ、よく分かりたであろうがな。神と臣民溶け合った大和魂《やまとだましい》でないと勝てんことぞ。悪神《あくがみ》よ、日本の国をここまでよくも穢《けが》したな。これで不足はあるまいから、いよいよこの方《ほう》の仕組どおりの止《とど》めにかかるから、精一杯の御《おん》力で掛かりてござれ。学問と神力《しんりき》の止《とど》めの戦ざぞ。

七月の三日《か》

天之日津久神《あめのひつくのかみ》

第十九帖　（三二〇）

改心次第で善の霊《れい》と入れ換えて、その日から善き方《ほう》に回してやるぞ。宵《よい》の明星《みょうじょう》が東へ回っていたら、いよいよだぞ。天《てん》の異変気つけとくどう申してあろうがな。

道は真直ぐにゆけよ。寄り道するではないぞ。脇目《わきめ》振ると悪魔魅入《みい》るぞ。それも我《われ》の心からざぞ。

七月四日《か》

天之日津久神《あめのひつくのかみ》

第二十帖　（三二一）

ここまで来れば大丈夫ざぞ。心大きく持ちて、焦らずに御用せよ。饌《け》にひもじくないよう、身も魂《たま》も磨いておけよ。もう何事も申さんでも、天《てん》と地《ち》にしてみせてあるから、それよく見て改心第一ぞ。悪は霊《れい》が効かんようになったから、最後の足掻《あが》きしているのざぞ。人助けておけば、その人は神助けるぞ。神界と現界のこと、この筆よく分けて読みてくだされよ。天明《てんめい》、御《ご》苦労であったぞ。これからいよいよの御用あるぞ。皆の者も同様ぞ。

七月五日《か》　天之日津久神《あめのひつくのかみ》

第二十一帖　（三二二）

旧九月八日《か》からの祝詞《のりと》は、始めに一二三《ひとふたみ》唱え、終わりに百千卍《ももちよろず》宣《の》れよ。お山造る時は、どちらからでも拝《おが》めるようにしておけよ。一方から拝《おが》むだけの宮は我《われ》よしの宮ぞ。

何もかも変えてしまうと申してあろうが。神徳貰《もら》えば何事も分かりてくるのざぞ。要らんもの灰にするのざぞ。息乱れんようにせよ。
七月七日《か》
天之日津久神《あめのひつくのかみ》

第二十二帖　（三一三）

世変わりたら命《いのち》長くなるぞ。

今まで上《うえ》に上がりて楽していた守護神は、大峠越せんことになるぞ。肉体あるうちに改心しておかんと、霊《れい》になっての改心なかなかぞ。

悪も御《ご》苦労の御《おん》役。この方《ほう》についてござれ。手、引いて助けてやると申してあるが。悪の改心、善の改心、善悪ない世を光の世と申すぞ。

七月八日《か》
天之日津久神《あめのひつくのかみ》

第二十三帖　（三一四）

国々所々に、神人鳴り動く、道は世にひらき極む、日月地、更に交わり結び、その神々ひらき弥栄え、大地固成、まことの神と現れ、正し、三神は世に出《い》づ、一二三《ひふみ》と鳴り成るぞ。正しくひらけ弥栄えて更に尽きず、鳴る道に成り、交わる。永遠の世、光ることは永遠の大道、息吹《いぶ》き大地に充ち満つ道。展《ひら》きて尽きず、極まり成る神の道。苦む道をひらき、日月地に苦しむ喜び出《い》で、神の国睦《むつ》び、ことごとく歓喜弥栄ゆ。

七月十日　天之日津久神《あめのひつくのかみ》

第二十四帖　（三一五）

早く早くと申せども、立体の真道に入るは、我《われ》死なねば我《われ》もなき道ぞ。

元栄えひらき鳴る神、元にひらき成る神、元津神、日の神、極み極まりて足り、いよいよ月の神孕《はら》み交わり栄ゆ。成り睦《むつ》び、神々極まるところ、一二三《ひふみ》、万千百《よろずちもも》とひらく、歓喜の大道、神々更に動きひらき栄ゆ。元津神の鳴門の秘密、永遠に進み、ゆき、ひらき極む。元津大神隠りみ、次になる神、隠りみの鳴門ぞ。富士栄え、火の運動き、渦巻き鳴り、極みに極みて、地また大地動き、渦巻くぞ。真理なりて極まり、鏡の如くなり、極まりて、動きひらき、極まりて大道、遂に成るぞ。

七月十日《か》　天之日津久神《あめのひつくのかみ》

第二十五帖　（三一六）

ム（無《む》）からウ（有《う》）生まれ、ウからム生まれると申してあるが、ウム組み組みて力生まれるのざぞ。今度の大峠はムにならねば越せんのざぞ。ムがウざぞ。世の元に返すのぞと申してあろが。ムに返れば見え透くのざぞ。

風の日もあるぞ。

七月十一日《ひ》　天之日津久神《あめのひつくのかみ》

第二十六帖　（三一七）

甲斐《かい》、奥山開《びら》き結構結構。天明《てんめい》、御《ご》苦労。ショウダ、イソガミ、イシモト、御《ご》苦労。アサカワ、カドタ、カトウ、御《ご》苦労ぞ。

奥山、元《もと》ぞ。中山は介添えぞ。国々落つる隅《くま》なく造りくれよ。一の宮ばかりでないぞ。二の宮、三《さん》の宮、四《し》の宮、五の宮、六の宮、七《しち》の宮まで造りてよいぞ。何処《いづこ》にも神祭れと申してあろが。天子様祭れと申してあろが。祭り結構。祭れば喜ぶことできるぞ。

七月十三日《ち》

第二十七帖　（三二八）

天《てん》も地《ち》も一つに交ぜし大嵐　攻めくる敵《てき》は駿河灘《するがなだ》
富士を境に真っ二つ　まず切り取りて残るもの
七つに裂かん仕組なり　されど日本は神の国
最後の仕組神力《しんりき》に　寄せくる敵《てき》は魂《たまし》まで
一人残らず無《の》うにする　夜明けの御用務めかし
晴れたる富士の清々《すがすが》し

七月の十四日

天之日津久神《あめのひつくのかみ》

天之日津久神筆《あめのひつくのかみふで》

天之日津久神《あめのひつくのかみ》　五十九
雨の神　二十三
風の神　二十三

イソガミ、アサイ、イシイ、アサカワ、イシモト、ミタ、キムラ、カトク、カジワラ、カドタ、ヤノ、ショウダ、カムベ、タケシタ、サイトウ、ツヅキ、タカタ、サトウ、ササキ、タカキ、ニシムラ、マエダ、ミエダ、カヨ、天明《てんめい》の二十五柱にまず分けよ。分けてもろても慢心、取り違いすると鼻ポキンぞ。

七月の十六日《にち》朝

地震の神　二十五
岩の神　二十五
荒れの神　二十五
木花開耶姫神《このはなさくやひめのかみ》　二十五

岩の神　二十三
金《かね》の神　二十三
国常立神《くにとこたちのかみ》　五

第二十八帖　（三二九）

ウケ（保食《うけもち》）の神祭らずに、いくら野山拓《ひら》いたとて、物作ることはできないぞ。煎《い》り豆、花咲く目出度《めでた》い時となっているのに、何してござるのぞ。いくら人民の尻叩いて野山切り拓《ひら》いても、食べ物三分《さんぶ》難しいぞ。神々祭れと申してあろが。野拓く時は野の神祭れ。物作る時は保食《うけもち》の神祭れ。産土《うぶすな》の神様にもお願いしてお取り次ぎ願わな、何事も成就せんぞ。

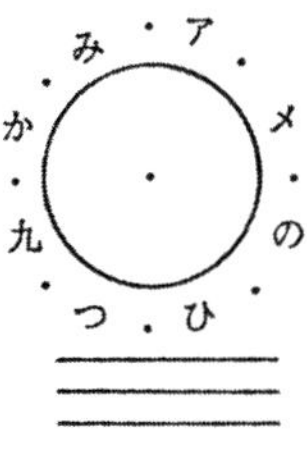

人民の学や知ばかりで何ができたか。早う改心第一ぞ。山も川も野も人民も草も木も動物虫けらも、何もかもこの方《ほう》の徳であるぞ。それぞれの御役《おん》あるの

ざぞ。学や知捨てて天《てん》に向かえ、地《ち》に向かえ、草に向かえ、生き物に向かえ、木《き》に向かえ。石もの言うぞ。草もの言うぞ。

七月の十八日《にち》

天之日津久神《あめのひつくのかみ》

天之日津久神《あめのひつくのかみ》　三十二
艮金神《うしとらこんじん》　八
陸乙姫《りくおとひめ》　八
意富加牟豆美神《おおかむづみのかみ》　八

第二十九帖　（三二〇）

豊受大神《とようけのおおかみ》様、お山の富士に祭り、箸《はし》供えてお下げした箸、皆に分けやれよ。饌《け》に難儀せんよう守りくださるぞ。

仕組少し早うなったから、かねて見してあったこと、八月の八日《か》から始めくれよ。

火と水に気つけよ。拝《おろが》めよ。

キの御用大切ぞ。ケの御用大切ぞ。クの御用大切ぞ。神は気引いた上《うえ》にも気引くから、とことん試すから、そのつもりでお蔭《かげ》落とさんようにせよ。二十五柱の役員ぞ。慢心すれば替え身魂使うぞ。

この巻、松の巻。

七月十九日《にち》

天之日津久神《あめのひつくのかみ》

第十二巻　夜明けの巻　全十四帖

自　昭和二十年七月二十一日
至　昭和二十年八月　　十日

第一帖　（三二一）

石《イシ》はイに返るぞ。一《ひ》であるぞ。　《む》であるぞ。井《い》であるぞ。イであるぞ。井⃝であるぞ。㋑であるぞ。キと働くのざぞ。分かりたか。

今までは悪の世でありたから、己殺して人助けることをこの上《うえ》もない天《てん》の一番の教えといたしていたが、それは悪の天《てん》の教えであるぞ。己を生かし人も生かすのが天《てん》の道ざぞ。神の御《み》心ぞ。人殺して己助かるも悪ぞ。己殺して人助けるのも悪ぞ。神なきものにして人民生きるのも悪ぞ。神ばかり大切にして人民放っておくのも悪ぞ。神人《かみひと》ともにと申してあろが。神は人により神となり、人は神によって人となるのざぞ。まことの神の御《おん》心分かりたか。今までの教え間違っていること、だんだん分かりてくるであろがな。

天地《てんち》和合して☼となった姿が神の姿ざぞ。御《み》心ざぞ。天《あめ》と地《つち》ではないぞ。天《あめ》地《つち》ざぞ。天地《あめつち》の時と知らしてあろが。皆取り違い申して済むまいが。筆よく読めと、裏の裏まで読めと申してあろが。

七月の二十一日《にち》

天之日津久神《あめのひつくのかみ》

第二帖　（三二二）

神の国は神の肉体ぞと申してあるが、いざとなれば、お土も草も木も何でも、人民の食べ物となるようにできているのざぞ。何でも肉体となるのざぞ。なるようにせんからならんのざぞ。それで外国の悪神《あくがみ》が、神の国が欲しくてならんのざ。神の国より広い肥《こ》えた国いくらでもあるのに、神の国が欲しいのは、まことの元の国、根《ね》の国、物のなる国、元のキの元の国、力《ちから》の元の国、光の国、真中の国であるからぞ。何もかも神の国に向かって集まるようになっているのざぞ。神の昔の世は、そうなっていたのざぞ。磁石も神の国に向くようになるぞ。北よくなるぞ。神の国拝《おろが》むようになるのざぞ。どこからでも拝《おろが》めるのざぞ。自《おの》ずから頭下がるのざぞ。

海の水が注連《しめ》であるぞ、鳥居であるぞと申してあろが。閉めて神を押し込めていたのであるぞ。人民知らず知らずに罪犯していたのざぞ。毎日、日《ひ》にちお詫びせよと申してあろが。閉めて島国日本としていたのざぞ。

良き世となったら、体も大きくなるぞ。命《いのち》も長くなるぞ。今しばらくざから、辛抱してくれよ。食べ物心配するでないぞ。油断するでないぞ。

皆の者喜ばせよ。その喜びは、喜びごととなって、天地《てんち》のキ（喜《き》）となって、そなたに万倍となって返ってくるのざぞ。喜びいくらでも生まれるぞ。

七月二十一日《にち》

天之日津久神《あめのひつくのかみ》

補帖

天之日津久大神《あめのひつくのおおかみ》　四

天之日津久大神《あめのひつくのおおかみ》　五

天之日津久大神《あめのひつくのおおかみ》　四
天之日津久神《あめのひつくのかみ》　二十四　大
天之日津久神《あめのひつくのかみ》　六　小
国常立神《くにとこたちのかみ》　六
艮金神《うしとらこんじん》　十
天之日津久神《あめのひつくのかみ》　十五

第三帖　（三二三）

天《てん》の異変、気つけと申してあろが。冬の次が春とは限らんと申してあろが。夏、雪降《ふ》ることもあるのざぞ。神が降《ふ》らすのでないぞ。人民降《ふ》らすのざぞ。人民の邪気が凝《こ》りて、天《てん》にも地《ち》にも、わけの分からん虫湧《わ》くぞ。わけの分からん病酷《ひど》くなってくるのざから、書かしてある御《ご》神名、分けて取らせよ。旧九月八日《か》までに何もかも始末しておけよ。心惹《ひ》かれること残しておくと、つまらんことでつまらんことになるぞ。もう待たれんことにギリギリになっているること、分かるであろうがな。

七月二十四日《か》の筆

天之日津久神《あめのひつくのかみ》

補帖

天之日津久大神《あめのひつくのおおかみ》　四

天之常立神《あめのとこたちのかみ》　五

意富加牟豆美神《おおかむづみのかみ》　十四

第四帖　（三二四）

この方《ほう》、カの神と現れるぞ。サの神と現れるぞ。タの神と現れるぞ。ナの神と現れるぞ。ハ、マの神と現れるぞ。ヤ、ラ、ワの神と現れたら、人民、目開《あ》けておれんことになるぞ。

さあ、今のうちに神徳積んでおかんと、八分《はちぶ》通りは獣《けもの》の人民となるのざから、二股膏薬《ふたまたこうやく》ではキリキリ舞いするぞ。キリキリ二股多いぞ。獣《けもの》となれば、同胞《はら》食《から》うことあるぞ。気つけておくぞ。

七月二十九日《にち》

天之日津久神《あめのひつくのかみ》

第五帖 (三二五)

何もかも筆読めば分かるようになっていること、忘れるでないぞ。この仕組、言うてならず、言わねば分からんであろうなれど、筆読めば因縁だけに分かるのざぞ。

石、もの言う時来たぞ。山にも野にも川にも神祭れと申してあること、忘れるでないぞ。

型せと申してあろが。いずれも仮ざから、三千世界の大洗濯《おおせんたく》ざから、早う型してくれよ。型結構ぞ。

何もかも神人《かみひと》ともにするのざぞ。夜《よ》明けたら、何もかもはっきりするぞ。夜明け来たぞ。鳥立てよ。

七月二十九日《にち》
天之日津久神筆書《あめのひつくのかみふでしょ》

補帖

意富加牟豆美神《おおかむづみのかみ》　十二　大
意富加牟豆美神《おおかむづみのかみ》　三　小
豊受大神《とようけのおおかみ》　八
雨の神　金《かね》の神

風の神　火の神
地震の神　日の出の神
岩の神　陸《りく》の乙姫の神
荒れの神　饌《け》の神
木《き》の神　善《ぜん》の神
大国常立大神《おおくにとこたちのおおかみ》　六
艮金神大神《うしとらこんじんのおおかみ》　五
意富加牟豆美神《おおかむづみのかみ》　七十一
意富加牟豆美神《おおかむづみのかみ》　一
天之日津久神《あめのひつくのかみ》

第六帖　（三二六）

今までのような大便小便なくなるぞ。不潔というものなき世となるのざぞ。

不潔物《もの》なくなるのぞ。新しき神の世となるのざから、神々にも見当取れん光の世となるのざぞ。

七月三十一日《にち》　　天之日津久神《あめのひつくのかみ》

第七帖　（三二七）

神の臣民に楽なことになるぞ。理屈ない世にするぞ。理屈は悪と申してあろが。理屈ない世にいたすぞ。理屈比べの気負い、なくしてしまうぞ。人に知れんように善いこと努めと申してあろが。人に知れんようにする善いこと、神心《かみごころ》ぞ。神のしたことになるのざぞ。

ゆけどもゆけども白骨と申したが、白骨さえなくなる所あるぞ。早うまことの臣民ばかりで固めてくれよ。神世の型、出してくれよ。時、取り違えんように。時、来たぞ。

八月一日《にち》

天之日津久神《あめのひつくのかみ》

第八帖　（三二八）

直会《なおらい》もまつりの中ぞ。朝の、夕の、日々《ひび》の人民の食事、皆直会ぞ。日々《ひび》の仕事、皆まつりぞ。息すること、この世の初めのまつりぞ。まつれまつれと申してあろが。

尾張の御用は始めの御用ぞ。祭りの御用ぞ。尾張の十の山に祭りくれよ。世に告げてくれよ。

役員、皆宮造れよ。宮とは人民の申す宮でなくてもよいのざぞ。一の宮、二の宮、三の宮と次々に造りくれよ。道場もいくら造ってもよいぞ。神の申したこと、為さば成るのざぞ。宮と道場造り、筆読んで祭れ祭れ。祭り結構ぞ。奥山には意富加牟豆美神《おおかむづみのかみ》様も祭りくれよ。守りは供えてから、皆に下げて取らせよ。

五柱、七柱、八柱、十柱、十六柱、二十五柱、三十三柱、三十六柱、四十七柱、四十八柱、四十九柱、五十柱、五十八柱、五十九柱、世の元ぞ。

八月の二日《か》

天之日津久神《あめのひつくのかみ》

補帖

意富加牟豆美神《おおかむづみのかみ》　五

素戔鳴神《すさなるのかみ》　十六

艮金神《うしとらこんじん》　五

豊雲野神《とよくもぬのかみ》　四

第九帖　（三二九）

天子様祭れと申してあろが。天津日嗣皇命大神様《あまつひつぎすめらみことおおかみ》と祭り奉《たてまつ》れ。奥山には御《み》社《やしろ》造りて、斎《いつき》祭れ。皆の家《うち》にも祭れ。天津日嗣皇命弥栄《あまつひつぎすめらみことやさか》ましませ、弥栄《いやさか》ましませと拝《おろが》めよ。拝《おろが》み奉《まつ》れ。天照皇大神《あまてらすすめらおおかみ》様、天照大神《あまてらすおおかみ》様、月の大神様、素戔鳴大神《すさなるのおおかみ》様、大国主大神《おおくにぬしのおおかみ》様も篤《あつ》く祭り称えよ。奥山の前の富士に産土《うぶすな》の大神様祭れよ。宮要るぞ。清めて祭れよ。霊《たま》の宮はその前横《まえよこ》に移せよ。奥の富士に国常立大《くにとこたちのおお》神《かみ》、豊雲野大神《とよくもぬのおおかみ》祭る日近うなりたぞ。宮の扉開《あ》けておけよ。臣民の住まいも同様ぞ。大難小難にまつり変えてくだされとお願いするのざぞ。取り違い、お詫び申せよ。楽にしてやるぞ。天《てん》の異変、気つけよ。

八月の五日《にち》

天之日津久神《あめのひつくのかみ》

天照皇大神《あまてらすすめおおかみ》　三
天之日津久大神《あめのひつきのおおかみ》　三
天之日津久大神《あめのひつくのおおかみ》　六

第十帖　（三三〇）

元津大神《もとつおおかみ》、心の中で唱え奉《まつ》り、皇命《すめらみこと》唱え、次に声高く天津日嗣皇命大神《あまつひつぎすめらみことおおかみ》唱え、天之日津久大神《あめのひつくのおおかみ》と唱え奉《まつ》れ。

霊《たま》の宮は、惟神祝詞《かんながらのりと》でよいぞ。一二三祝詞《ひふみのりと》もよいぞ。

注連《しめ》は当分作り巡らしてもよいぞ。今までの注連はこの方《ほう》ら閉めて、悪の自由にする逆さの注連ざから、注連張るなら元の注連、まことの注連張れよ。七五三は逆さぞ。三五七ざぞ。天地《てんち》の息吹《いぶき》ぞ。波の律ぞ。風の律ぞ。神々様の御《おん》息吹《いぶき》の波ざぞ。

八月の六日《か》

天之日津久神《あめのひつくのかみ》

天之日津久大神《あめのひつくのおおかみ》　四
天之日津久大神《あめのひつくのおおかみ》守り　三
意富加牟豆美大神《おおかむづみのおおかみ》　三
地震の大神守り　二
荒れの大神守り　一

第十一帖　（三三二）

岩戸開《びら》きのはじめの幕開《あ》いたばかりぞ。今度は、水逆さに戻るのざから、人民の力ばかりでは成就せんぞ。奥の神界では済みているが、中の神界では今、最中ざ。時待てと申してあろが。人民大変な取り違いしているぞ。次の世の型、急ぐ急ぐ。

八月六日《か》　天之日津久神《あめのひつくのかみ》

筆読まないで知や学でやろうとて、何も九分九厘《くぶくりん》で厘止《りんど》まりぞ。我《われ》が我《われ》がが取れたら分かってくるぞ。慢心恐ろしいぞ。

第十二帖　（三三二）

あら楽しあなさやけ　元津御神《もとつみかみ》の御《み》光の
輝く御《み》世ぞ近づけり　岩戸開《あ》けたり野も山も
草の片葉《かきは》も言《こと》やめて　大御光《おおみひかり》に寄り集う
まことの御《み》世ぞ楽しけれ　今一苦労《ひとくろう》二苦労《ふたくろう》
とことん苦労あるなれど　楽しき苦労ぞ目出度《めでた》けれ
申酉《さるとり》過ぎて戌《いぬ》の年　亥《い》の年子《ね》の年目出度けれ

一二三《ひふみ》の裏の御用する身魂《みたま》も今に引き寄せるから、その覚悟せよ。覚悟よいか。待ちに待ちにし秋来たぞ。

八月の七日《か》

天之日津久神《あめのひつくのかみ》

意富加牟豆美大神《おおかむづみのおおかみ》　五

天津日嗣皇命《あまつひつぎすめらみこと》　四

第十三帖　（三二三）

ひふみ　よいむなや　こともちろらね

しきる　ゆゐつわぬ　そをたはくめか

うおえ　にさりへて　のますあせゑほれけ

八月八日《か》　秋立つ日

天之日津久大神《あめのひつくのおおかみ》

意富加牟豆美大神《おおかむづみのおおかみ》守り　六

天之日津久大神《あめのひつくのおおかみ》　三

アラキ、イトウ、キヨス、合わせて二十八柱ぞ。

八月八日《か》

天之日津久神《あめのひつくのかみ》

補帖

豊受大神《とようけのおおかみ》　八

饌《け》の神　四

天之日津久大神《あめのひつくのおおかみ》　四

第十四帖　（三三四）

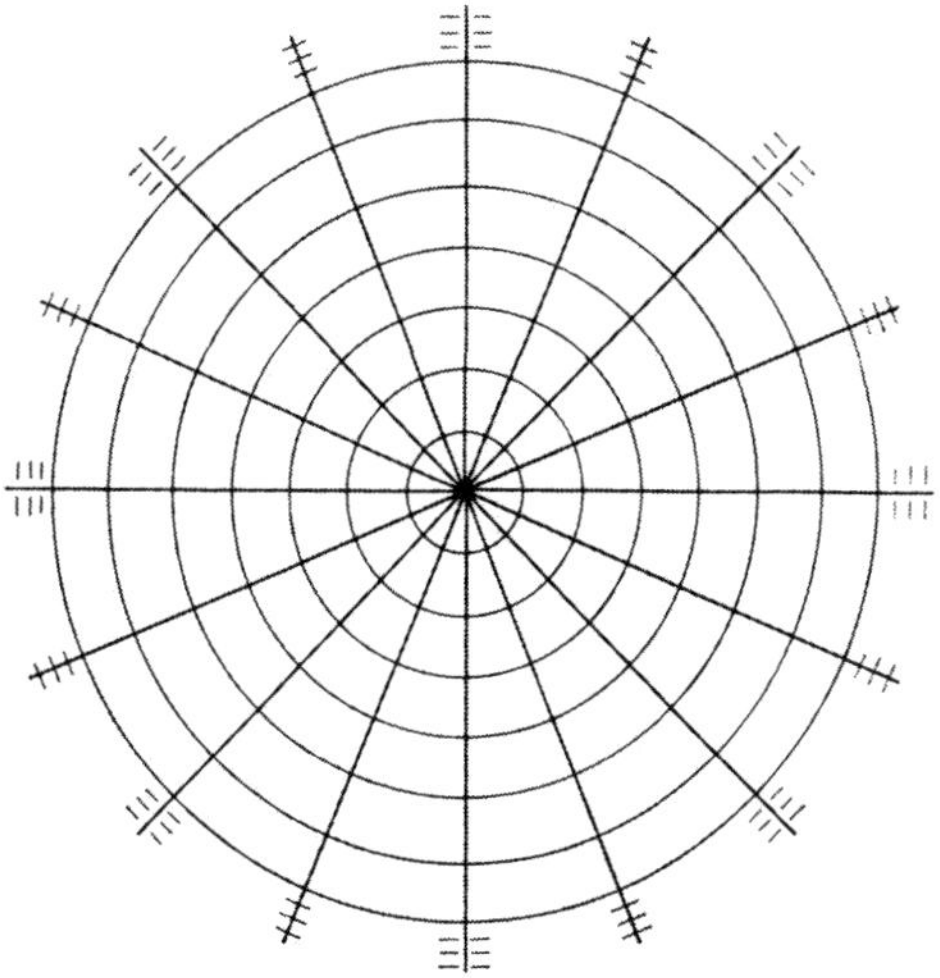

あら楽し清々《すがすが》し世は朝晴れたり昼晴れたり夜《よ》も晴れたり
あら楽し清々し世は岩戸開《あ》けたり待ちに待ちし岩戸開《あ》けたり

この筆の臣民と言うても、人間界ばかりでないぞ。神界幽界のことも言うて知らしてあると申してあろが。取り違い慢心一等怖いと申してあろが。祭り、国民服もんぺでもよいぞ。天明《てんめい》祭りの真似するでないぞ。役員祭りせい。

何も言うでないぞ。言うてよい時は知らすぞよ。分かりたか。仕える者なき宮、産土《うぶすな》様の横下《よこした》にいくら祭ってもよいぞ。天明は祈れ祈れ。天《てん》に祈れ。地《ち》に祈れ。引潮の時引けよ。満潮の時進めよ。大難小難にと役員も祈れよ。口先ばかりでなく、まこと祈れよ。祈らならんぞ。口先ばかりでは悪となるぞ。分かりたか。

今度は借銭なしになるまでやめんから、誰によらず借銭なくなるまで苦しい行せならんぞ。借銭なしでないと、お土の上《うえ》には住めんことに今度はなるぞ。石の人と、木《き》の人と、火の人と、水の人とできるぞ。今に散り散りバラバラに一時《いちじ》はなるのであるから、その覚悟よいか。毎度知らしてあること忘れるなよ。

筆、腹の腹底まで染《し》むまで読んでくだされよ。神頼むぞ。悟った方《かた》、筆説けよ。説いて聞かせよ。役員、皆説けよ。信ずる者、皆人に知らしてやれよ。筆読んで嬉しかったら、知らせてやれと申してあろうが。

天明は筆書かす役ぞ。阿呆になれと申してあろうが。まだまだぞ。役員気つけてくれよ。筆の代わりに耳（御身《みみ》）に知らすと申してある時来たぞ。いよいよの時ぞ。筆で知らすことの始めは済みたぞ。耳（御身《みみ》）掃除せよ。耳（御身《みみ》）に知らすぞ。耳（御身《みみ》）に聞かすぞ。聞かな聞くようにして知らすぞ。辛《つら》いなれど、我慢《がまん》せよ。努々《ゆめゆめ》利口出すでないぞ。分かりたか。

百姓にもなれ。大工にもなれ。絵描きにもなれ。何にでもなれるようにしてあるでないか。役員も同様ぞ。
円居《まどい》作るでないぞ。金《かね》取るでないぞ。神に供えられたものは皆分けて、喜ばしてやれと申してあろが。この方《ほう》、喜ぶこと好きぞ。好きのこと栄えるぞ。弥《いや》栄《さか》えるぞ。

信者作るでないぞ。道は伝えなならんぞ。取り違えせんように、慢心せんように、生まれ赤子の心で筆読めよ。筆いただけよ。日本の臣民、皆勇むよう祈りてくれよ。世界の人民、皆喜ぶ世が来るよう祈りてくれよ。天子様祭れよ。みことにまつろえよ。このことできれば、ほかに何も分からんでも峠越せるぞ。御民《み》、命《いのち》捨てて命《いのち》に生きよ。

鳥啼《な》く声す夢覚ませ　見よ明け渡る東《ひむかし》を
空色晴れて沖つ辺《へ》に　千船《ちふね》ゆき交《こ》う靄《もや》のうち

いろは　にほへとち　りぬるをわかよ

たれそ　つねならむ　うゐのおくやま
けふこ　えてあさき　ゆめみしゑひもせすん

アオウエイ　カコクケキ　サソスセシ　タトツテチ　ナノヌネニ
ハホフヘヒ　マモムメミ　ヤヨユエイ　ラロルレリ　ワヲウヱヰ

アイウエオ、ヤイユエヨ、ワヰ　ヱヲ、カキクケコ、サシスセソ、タチツテト、ナニヌネノ、ハヒフヘホ、マミムメモ、ヤイユエヨ、ラリルレロ、ワヰウヱヲ。五十九柱ぞ。

この巻、夜明けの巻とせよ。この十二の巻、よく腹に入れておけば、何でも分かるぞ。無事に峠越せるぞ。分からんことは自分で伺えよ。それぞれに取れるぞ。

天津《あまつ》日《ひ》嗣皇命《つぎすめらみこと》、弥栄《やさか》、弥栄《いやさか》。

あら楽し、あら楽し、あなさやけ、あなさやけ、おけ。

一《ひと》二《ふた》三《み》四《よ》五《いつ》六《むゆ》七《なな》八《や》九《ここの》十《たり》百《もも》千《ち》卍《よろず》

秋満つ日に天《あめ》之《の》日《ひ》津《つ》久《く》神《のかみ》記す

底本

岡本天明『一二三』至恩郷

主な参考文献

岡本天明『原典　日月神示』新日本研究所
岡本天明（書）、中矢伸一（校訂）『完訳　日月神示』ヒカルランド
岡本天明『新版　ひふみ神示』コスモビジョン

一二三《ひふみ》（一）

2023年6月10日　第1刷発行

著　者　　岡本天明
補　訂　　奥山一四
発行人　　久保田貴幸

発行元　　株式会社 幻冬舎メディアコンサルティング
〒151-0051　東京都渋谷区千駄ヶ谷4-9-7
電話　03-5411-6440（編集）

発売元　　株式会社 幻冬舎
〒151-0051　東京都渋谷区千駄ヶ谷4-9-7
電話　03-5411-6222（営業）

印刷・製本　中央精版印刷株式会社
装　丁　　弓田和則

検印廃止

Printed in Japan
ISBN 978-4-344-94384-1　C0014
幻冬舎メディアコンサルティングＨＰ
https://www.gentosha-mc.com/